아

오늘 하루도 살아가느라 수고 많았어.
앞으로도 함께 보폭을 맞추어 나아가자.

당신도 마음이 죽은 채
긴 밤을 걷고 있나요

당신도 마음이 죽은 채
긴 밤을 걷고 있나요

- 산배 에세이 -

"난 당신과 함께하고 싶어요.
흘러넘칠 만큼, 서로에게 잠길 만큼,
내일 아침의 해가 떠올라도 두렵지 않게끔."

작가의 말

종혁(鍾赫), 본명을 풀어 해석하자면, '빛나는 종'이란 뜻
으로 고운 소리를 내어 사람들에게 메시지를 전하라는
의미를 지녔습니다.

다만 '종'이 소리를 내기 위해선 아파야만,
무언가에 세게 부딪혀야 합니다.

이와 같은 운명을 받아들여 모든 사람에게
다정하고 편안한 소리만을 전하고 싶었지만,
슬프게도 세상이 주는 고통이
선명하여 비명 소리가 더욱 컸나 봅니다.

굉음을 내어 듣는 이 하나 없는 '종',
사람들에게 버려져 부식된 채 사라질까
매일 두려워하던 찰나,

저의 소리를 통해 힘을 얻는 사람과 삶을 소중히 간직하려는 사람이 있어, 기적적으로 살아갈 이유가 더해졌습니다. 앞서 말한 살아갈 이유, 저의 아픔마저 당신께 위로가 된다면 여백에 다정한 글을 정성껏 채우고 고이 건네겠습니다. 그러니 이 넓은 세상 부디 혼자라고 생각하지 않으셨으면 합니다.

잠시나마 저의 존재가 당신에게 위안이 되고 싶습니다. 이조차 욕심이라면, 제가 건네드린 한 문장이라도 따듯이 품어 주시길 바랍니다. 활자의 균열이 틀어질 만큼 오랫동안 안아 주는 것만으로도 저의 입가에는 미소가 만개할 것입니다.

그간 건네드리고 싶은 말이 쌓여 있어, 두서가 길었습니다, 이제 문장으로 들어가, 함께 보폭을 맞추어 함께 걸읍시다. 한 걸음, 한 걸음, 생각에 잠겨 멈췄다가 다시 나아가도 좋으니 오로지 이 순간만큼은 아무 걱정 없이 안온하셨으면 합니다.

차례

작가의 말 · 06

PART 01.
수많은 별 사이를 유영할래요

알약 · 14 실조 · 15 나는 · 17 난춘 · 18 옥상정원 · 20

유영 · 22 상념 · 23 유서 · 24 안녕, 나의 우울 · 26

들풀 · 28 블루 · 30 나만 알고 있는 장소 · 32 기약 · 33

유서를 품은 계절 · 34 아이야 · 35 우리의 행성 · 37

숲의 비밀 · 38 바퀴벌레 · 39 충족 · 40 잠결 · 41

무인도 · 42 흉년 · 44 낭만 익사 · 46 접쟁이 · 48

마침표 · 50 죽음의 사인 · 52 구겨진 밤 · 54 유독 · 55

광대 · 57 살인 · 58 우울, 그리고, 낙하 · 60 시한부 · 62

무덤 · 64 다음 생엔 · 66

PART 02.
그리워 말고 추억으로 남기며

사랑하지 못하는 이유 · 70 1년을 채우지 못한 꽃 · 71

방황 · 72 추락 · 73 그늘 · 75 우연과 필연 사이 · 76

이별이 묻은 안부 · 78 존재의 유무 · 80 지난여름 · 81

일기 · 83 무대 · 85 재회 · 86 안녕, · 88 광년 光年 · 89

이해 · 90 뻔한 결말 · 92 마지막 소인 · 94

PART 03.
쓸어 모은 순간의 파편들

추억 하나 · 98 그날의 밤 · 99 돌탑 · 101

안녕, 바다야, 정말 안녕 · 102 화원 花園 · 104

기도 · 106 울고 있는 아이 · 107 중요 · 108

바다의 속내 · 109

PART 04.

초승달에 걸터앉아 세상을 바라보며

그해 가을의 농도 · 112 그네를 타고 있던 소녀 · 116

어느 노숙자의 조언 · 120 소식 · 123

사랑받고 싶은 아이 · 124 착한 사람 · 126

미디어 · 130 비교 · 133 다섯 명 · 136

PART 05.

당신의 채색을 더 짙게 칠해 줄게요

소인 消印 · 140 가시는 길 외롭지 않게 · 142 보폭 · 143

당신께 물어요 · 144 밤이 내리고 · 145 신문지 · 146

비밀의 아지트 · 147 보통의 존재 · 148 마지막 걸음엔 · 150

꽃과 당신 · 152 불면 · 153 우리 · 154 흔적 · 156

나 그리고 너 · 158 나의 바람은 당신의 행복 · 159

당신이 살아감으로써 · 160 걱정 · 162 스스로 · 163

세상에서 가장 힘든 사람 · 164 올바른 인간관계 · 165

미워하지 마라 · 167 인연 뒤 운명 · 168 그만큼 · 170

꽃말의 숨겨진 메시지 · 172 살아라 · 173 태어남과 동시에 · 174

물과 꽃 · 176 불안의 이유 · 178 이름 모를 친구야 · 180

PART 06.
파도처럼 부서지고 석양처럼 지더라도

행복과 행운의 차이 · 184 발길이 닿은 곳에서 · 186
중점 · 188 전환 · 189 겁 없는 토끼 · 190 눈물 도둑 · 192
추억으로 남긴 채 · 194 찬란한 우울과 삶 · 195 잘했다 · 197
나의 7년 · 198 0 · 200 승리자 · 202 감정 관리 · 204
투박한 위로 · 206 작전명 · 208 속성 · 210 당신, · 212
탈진 · 213 파도의 결말 · 215 착각과 오해 · 216
타이밍 · 218 나는 겨울, 당신은 봄 · 220 또다시 · 221

PART 01.
수많은 별 사이를 유영할래요

툭툭, 떨어질 것 같은

별 사이를 유영할 때,

온전한 감정이 느껴졌다.

알약

알약을 삼킬 줄 몰랐던 아이는
이젠 설움조차 쉽게 삼키는 어른이 되었고,

처음부터 울 줄 알았던 아이는
이젠 울고 싶어도 울 수 없는 어른이 되었다.

그 아이와 어른은 나와 당신,

우리가 지닌 슬픔이란 속성은
다정하고, 설움이란 성질은 다감해서
때론 따듯하게 느껴질 때도 있다.

"아이는 알았던 것일까.
자신이 삼킬 알약,
아니 삼키기 싫은 설움에
익숙해지고 싶지 않다는 것을."

실조

떠나가지 않는
우울함에 질식할 것만 같고,

붙잡히지 않는 사람을 사랑해
관계의 경계선 사이를 아슬하게 방황하며,

목표를 이루려 노력하지만
재능에 부딪혀 좌절해야만 했던 현실,

기댈 곳도 없어, 애처롭게 버티고 견딜 뿐,
나아지지 않는 상황 속 내가 할 수 있는 건
가냘픈 숨을 고르며 지그시 눈을 감는 것.

사실 그조차도 버거운 지금,
만약 당신이 나라면, 아니 당신도 그렇다면,

"우리 서로의 손을 맞잡은 채
앞날의 행복과 사랑, 성공을
함께 재촉하지 않을래."

나는

살아가야 할 이유가 없어요.

그래야 죽어야 할 이유도 없어서요.

이유는 또 다른 이유를 만들며,
부정적으로 파생되기에.

살고 싶어서 사는 게 아니라,
살아지는 그 날까지 속해 있는 것뿐이에요.

조금은 덜 아프게 말이죠.

난춘

봄이 가져오는 생기와 따듯함이
때론 부담이 되었다.

얼어 가는 세상 속
남은 온기를 잃지 않기 위해 애쓰다,

결국은 아름다운 꽃으로 피어나
잊히지 않는 존재로 평생 기억되니까.

나와 상반된 모습,
거리감이 느껴지는 계절,

봄,

기어코 내게 다가오는
산들바람에 속절없이 무너졌다.

"기억에서 소실될 내게, 봄은 동경의 대상이자 어우러지지 않는 순간일 뿐이었다."

옥상정원

"내가 잘못했어요."

까만 하늘을 바라보며
울부짖은 적이 있다.

신께 전해지지 않을 외침일 테지만,
목소리의 떨리는 파동과 깨지는 파열이
굳어있던 허망함을 조금은 무르게 했다.

이 같은 상황은 새벽을 넘어 낮까지 이어진다.

타인에게 와닿지 않을 우리의 사연처럼,
수없이 파생되는 고민이 끝없는 것처럼.

매일 올라가게 되는 옥상,
내 눈물이 떨어져
하얀 꽃이 수없이 피어나듯,

오랫동안 정원이 되어 있을
이 순간에 추락.

풀썩,

폭신하진 않지만,
덜 춥게 도와주는 뜨거운 아픔.

유영

도착점이 어딘지도 모른 채
새벽을 끝없이 헤엄쳤다.

빠르게 다가오는 별을 간신히 피하다,
작은 상처가 하나씩 생겨나기도 하고,

홀로 떠도니 외롭고 무서워,
흐르는 눈물을 겨우 닦아 내며 나아갔다.

지쳐 갈 때쯤 잠시 멈춰 마음을 진정시키고,
주변을 찬찬히 살펴보니 제자리 그대로였다.

나의 새벽, 헤어 나올 수 없이
피와 눈물로 뒤덮인 채,

이른 아침이 다가올 때까지
유영해야 하는 삶의 반복적인 구간일 뿐이었다.

상념

우린 살아가는 중일까,
죽어 가는 중일까.

나의 의문에
당신은 어느 항목에 마침표를 찍을 것인가.

당신도 나와 같이,
삶의 본질을 정의하지 못해 방황하고 있다면,

깊어지는 새벽만큼이나
길게 내려앉은 죽음에 관해 생각하고 있다면,

긁혀 나가는 별을 바라보며,
다가올 아침을 함께 맞이할까.

"끝나지 않는 문장 속,
갈피를 잃은 우리 함께 유영하며."

유서

공허한 이 세상 속 가만히만 있으면
숨통이 조여 오는 것만 같아,
펜을 잡고 공책에 아무 말이나 썼다.

그렇게 무의식적으로 시작한 글쓰기,
처음 가장 많이 썼던 글은 유서(遺書)였다.

나의 유서엔 첫 문장은 언제나 가족이 차지했고
그다음 문장엔 몇몇 친한 친구들과
우리 집 강아지, 복수하고 싶었던 이들에게
건네고 싶었던 욕 몇 마디까지.

정신없이 적다 보니 짧은 시간 내에
A4용지 한 장을 꽉 채울 만큼의 분량이 나왔다.

그렇게 3개월 만에
방 안은 온통 유서로 가득 찼다.

펜을 놓고 주월 둘러봤을 때
기분이 어땠냐고 묻는다면
덤덤하게 좋았다고 답할 것이다.

내가 아직 세상에 하고 싶은 말이
이렇게나 많고, 떠오르는 사람,
보고 싶은 사람이 있다니 인생을
너무 허무하게만 살진 않았다는 걸 느꼈으니까.

"유서, 나는 정말 죽음을 갈망해 적었던 것일까,
살아가길 바라 몸부림쳤던 것일까.
의문점이 풀리지 않지만 뭐든 어떤가.
나는 지금도 유서를 쓸 수 있는 자격,
생존하고 있다는 것에 감사하다."

안녕, 나의 우울

살아가야 할 이유도 모르겠고
살아서 뭐하나 싶었다.

살다 보면, 그래 버티고 견디다 보면
나아지겠지 싶었는데 더 힘들어지기만 하니
무슨 의미가 있겠나.

모두가 날 미워하는데, 싫어하는데,
증오하고 비난하는데
세상에 어울리지 않는 사람이 살아서 뭐하나.

나는 이 세상에 필요 없는 사람인데
세상은 왜 살라고 숨을 붙여 줄까.
가장 끔찍한 벌이 있다면 내가 겪고 있다.

그래,

또다시 살아가고
또다시 우울해야 하는 오늘,

죽지 못해 산다면
차라리 나의 우울을 반긴다.

"안녕, 나의 우울"

이 말 한마디를 뱉기 위해
나는 몇 번이고 죽었다.

들풀

아무런 가치가 없는 풀 한 포기.

새도, 벌도, 사람도 다가오지 않아,
시궁창 같은 곳에 방치된 존재.

곁에 아름다운 꽃 한 송이가 피어나면,
사람들의 눈길이라도 받지 않을까
헛된 기대를 품어보기도 했지만,
주변엔 비슷하게 생긴 들풀들만 가득하다.

억지로 우거져 있을 뿐이라
숨통이 막힐 만큼 답답한데,
사람들의 눈살 찌푸린 화살도 지쳤는데,
왜 생명력만 질겨 버티고만 있는가.

이젠 사랑도 필요 없다.
나를 꺾을 때 잘 뽑힐 수 있도록
고개를 잔뜩 숙이며 얼마 전 쏟아진
빗물을 눈물 삼아 보잘것없는 순간을 기다린다.

체념, 기대하지 않는다는 건,
좌절감을 느낄 새도 없이 포기했다는 것과 같다.

"아름다운 지구에 어울리지 않았을 뿐.
그간 버텨낸 인내를 생각하면 잘 해냈다,
꽃말이 없으니 그렇게라도 정의하련다."

블루

바다는 우울하다.
소리 없이 철썩이는 것들에 아파하며,

눈물이라 표현할 수 있는 것이 없어,
일렁이는 윤슬로 자신의 슬픔을 나타낸다.

파란색의 바다를 손에 담으면
한없이 투명하여 살결이 보인다.

내가 지닌 우울함이 더 짙어,
바닷물은 빈틈을 찾아 빠져나가려 한다.

나의 블루,

바다도 나를 싫어하는데
이젠 어디로 도망쳐야 하나.

갈 곳을 잃어버린 내게
심해 속 파동이 느껴진다.

'저기로 가면 편해지려나.'
'아무도 찾지 않는 곳이라 괜찮을까.'

등골이 오싹하게 느껴져야 할
'영원의 안식'이 따듯하게 느껴지는 순간이다.

또 한 번 무너지는 날엔 이곳을 찾아
머나먼, 다가올 미래를 앞당길 생각을 하련다.

모래사장에 이름을 새겨,
파도와 함께 지워질 때만큼
웃던 날도 없으니까.

나만 알고 있는 장소

새벽을 달려 아침에 도착했다.
순간 지나쳐 고요한 건 매한가지,
빛의 세기만 달라졌을 뿐이었다.

나의 우울도 그렇다.
시간이 지난다고 해서
가볍게 넘기지 못했다.

사무칠 것만 같은 어둠이 더는 두렵지 않았다.
오히려 타인의 빛을 앗아 가는 내 모습이
더 두려울 뿐이었다.

우울, 벗어나질 못한다면
자꾸만 어딘가로 끌려가는 기분,

숨이 막힐 듯한 공간,
이곳은 내가 만든 암울한 세상이었다.

기약

우울도 부지런하네요.
매일 밤 찾아와 저의 마음속에
깊이 내려앉아 얼마 남지 않은 여백을
파란색으로 짙게 물들입니다,

괜찮습니다,
어차피 내일의 해가 뜨면
금방 마르고 사라질 테니,
다가온 감정을 나무라지 않고,
천천히 다독이다 자연스레 떠나보냅니다,

"다음번에 덜 아프게 오길 바라며."

유서를 품은 계절

시든 벚꽃 잎을 놓고 떠나는 봄처럼
모든 계절이 유서와 같은 것들을 지니고 있다.

분명 돌아올 텐데,
왜 시든 잎 하나쯤은 두고 떠나는 것일까.

잠시라도 잊히고 싶지 않아서,
자신을 떠올려 달라는 메시지인가.

"계절도 알고 있나 보다 잊힌다는 게 얼마나 두려운지,
잔상이라는 게 얼마나 소중한지도."

아이야

어른들을 동경하지 말아라.
늦은 저녁이 되어서도 친구들과 노는걸,
운전하는 모습이 멋져 보이는걸.

이처럼 자유로워 보이는 모습들을
빠르게 앞당겨 재촉할 필요 없단다.

우리는 너희를 동경한단다.
순수한 감정을 지닌 너희의 웃음과
울음을 부러워하며 과거를 떠올리고,
돌아갈 수 없다는 사실에
한없이 고개를 떨군단다.

아이야,
언제나 오늘 하루를 감사히 여겼으면 한단다.
돌아오지 않을 시간에 후회와 그리움을
두고 오는 것만큼 힘든 건 없단다.

억지로 어른이 된 내가
너에게 건넬 수 있는 말은 이뿐이구나,

아이야.

우리의 행성

안녕, 나는 지구란 별에 있어.
해가 뜨는 낮일 때
새는 꽃을 위해 노래를 부르고
꽃은 보답하듯 옅은 바람과 함께 살랑거려.

아름다운 행성이지 않니,
근데 밤이면 모두가 숨을 죽이고 설움을 흘려.
새의 울음도 꽃의 살랑거림도 소리 없이 이뤄져.

그런 지구 한쪽에 우린 살아가고 있어.

"너의 행성은 어때, 거기는 행복하니."

숲의 비밀

숲의 초록빛 생기는
잠시 스치듯 보면 아름답지만,
한가운데서 오래 바라보고 있으면
숨이 막히는 것만 같다.

이것이 숲의 비밀,
어두운 것을 잠식시키려 하는
성질을 지녀 나 같은 사람을 싫어하나 보다.

바퀴벌레

작업실에서 글을 쓰다가 바퀴벌레를 발견했다.

제법 몸집이 컸지만, 하도 많이 봐서 그런가.
휴지를 돌돌 말아, 자연스레 바퀴벌레를 잡고
변기통에 버렸다.

일을 마치고 화장실에서 나오는 순간,
또 다른 곳에서 바퀴벌레가 보였고,
순간 큰 소리로 실성하며 이성을 잃었다.

왜 내가 싫어하는 것들은
잘도 기어 나오는 것일까.
잡아 죽여도 끝없이 나타나는 존재,

그것은 바퀴벌레뿐만이 아니어서
다른 의미로 세상을 혐오하기 시작했다.

충족

삶의 끝에 서서 죽음을 맞이해야 하는 순간,
나는 웃고, 곁에 있던 사람들은 울었으면 좋겠다.

나의 손을 꽉 붙잡은 채 떠나지 말라며
따듯한 눈물이 내게 닿는 순간
후회 없이 눈을 감을 수 있을 것 같으니까.

마지막까지 비참해지고 싶지 않은 욕심,
혼자가 아닌 함께한다는 편안함,
해맑게 지을 수 있는 미소,
나를 위한 누군가의 눈물.

지난날의 삶과
다가올 죽음을 맞이하기에 그거면 충분하다.

잠결

마음 한편 조그맣게 남아 있던 여백은
외로움으로 채워지고,

슬픔은 자꾸만 차올라
주워 담을 수 없을 만큼 범람한다.

이러한 삶조차 누군가는
한 편의 영화와 같다는데 꿈같을 수 없는 걸까.

웃는 날보다 우는 날이 더 잦았던,
행복보다 불행이 더 다정하게 느껴졌던 나의 삶.

숨죽여 참아 왔던 순간밖에 없으니
이 모든 게 악몽이자 잠결이길 바랐다.

무인도

입가를 축축하게 적시는 바닷물.
옅게 들리는 낯선 새들의 지저귐.
평소 햇볕보다 더 뜨겁게 느껴지는 태양까지.
이곳은 어디길래, 고요할까.

흐릿한 눈가를 부스스 비비며,
광활한 대자연에 홀로 놓인 듯했다.
먹을 것도, 잠잘 곳도 없다는 사실보단,
홀로 버텨야 한다는 것에 가장 큰 두려움을 느낀다.

이 떨림은 추위에 영향도 있을 테니,
물기가 한가득 맺힌 옷을 말리려 했다.
적당한 나무 막대기, 판자를 들고 와
그늘 밑에서 손이 벗겨질 때까지 불씨를 기다렸다.

하지만, 따듯한 온기는 무슨,
저녁노을이 다 질 때까지
난 추위조차 이기지 못했다.

그래, 내일 다시 해보자. 풀잎을 끌고 와,
대충 누워 밤하늘을 바라보는데 예뻤다.
마치, 내가 지금껏 보지 못한 풍경을
처음 접했던 것처럼.

스르르 흐르는 눈물은 저 너머,
바다의 파란색과 같은 채도다.

다함이 없는 지평선과 맞닿은 지금,
여기는 내가 만든 세계,
우울이라는 작은 외딴섬이다.

흉년

이맘때쯤 보여야 할 코스모스도,
잠자리도 보이지 않는다.

어릴 적 당연하게 여겼던
우리의 가을은 소리 없이 사라졌다.

텅 빈 것 같은 계절,
안 그래도 외로움에 젖은 마음을
고독하게 변질시키는 나날.

여름에 무르익은 감정은 흉년이 되어,
수확되는 것은 우울이여.

이 속에는 쌀벌레 한 마리도
안 들어갈 공간이어라.

가장 배불러야 할 계절 속,
홀로 배고파야 하는 사이.

내가 지닌 거라곤,
썩어빠진 추태이고 망종이라네.

허허벌판, 진정한 가난이란
마음에서 우러나오는 빈곤함.

우울이라는 건 계절도,
인생도 힘없이 나르네.

낭만 익사

그해 가을에 일어난 낭만 익사 사건,
모든 것이 실조되었던 지난날,
물고기가 익사했다는 소식이 들렸다.

사람들은 비웃기 바빴지만,
옆에 있던 나는 서럽게 울었다.

그날을 통해 자신만의 세계에서도
언제든 침몰하여 소리 없이
사라질 수도 있다는 걸,

타인과 함께 만든 세계에서
홀로 남겨지는 게 더 두렵다는 걸 깨달았으니까.

이 사건의 이야기는
그저 한 사람이 모래사장 위에서
떠드는 안타까운 자신의 사연일 뿐,

흩어지는 아픔 속,
바다는 독백,
나는 외로움과 설움을

원샷,

오늘 속이 좀 쓰리겠다.

겁쟁이

당신, 오늘 하늘을 몇 번이나 쳐다보셨습니까.

한 번도 바라보지 못했다면,
당신은 여유가 없었던 것입니까.

생기 있는 풍경이 부담스럽게
느껴질 만큼 힘들었던 것입니까.

갈수록 마음 편한 날이 없습니다.
우린 언제나 이별을 품고 살아가며,
행복한 날보단 힘든 날이 더 많기 때문이죠.

지독히도 괴로운 나날의 연속, 아픔을 넘은 우울함,
그것을 잠식시킬 무기력감, 우리는 감정을 주체하지도,
조절하지도 못한 채 아무것도 할 수 없는
겁쟁이가 됩니다.

인간으로서의 역할을 하지도 못할 만큼
깨지고 널브러져 있어, 모두에게 실격당할 일만
남은 생애, 겁쟁이는 자신에게 다가올 죽음만을
묵묵히 기다리며 우연한 행복마저 거두게 됩니다.

마침표

어느 순간부터 감정을 공유하는 게 힘들어졌다.
불행뿐만 아니라 행복도 마찬가지이다.

힘든 순간 얘기를 나누자니
상대방이 나로 인해 지칠까 두렵고,

행복한 순간을 얘기하자니
나의 기쁨이 질투로 돌아올까 무섭기 때문이다.

갈수록 감정은 쌓여 가지만, 순환되지 않기에
고립된 마음의 상처는 점점 곪아 썩는다.

수많은 연락처가 무슨 소용일까,
그간 끝없이 스쳐 지나간 인연은 어디로 갔을까,
언젠가, 누군가의 품에 안겨 마음 편히 울 수 있을까.

의문만이 가득한 문장이자 삶,
겹쳐진 감정 사이에서 방황하는 우리,
늘어진 쉼표에 걸터앉아 함께 유랑하지 않겠나.

마침표가 찍힐 때까지.

죽음의 사인

살아가는 듯한 느낌보단
죽어 가는 듯한 느낌이 더 와닿는다.

이처럼 가쁘게 호흡하며
생을 이어 나가는 요즘,
내 죽음의 사인이 궁금해졌다.

홀로 지내는 게 익숙하니 고독사이려나,
갑작스러운 사고로 인한 사고사이려나,
머릿속을 죽음에 관한 생각들로 가득 채우고
옅은 미소를 지은 채 미래를 그려 본다.

이런 나의 모습을 본 사람들은
미친 게 분명하다고 말하겠지만,
부정하지 않고, 떳떳이 할 수 있는 말은

"사는 것보단 죽는 게 쉬운 요즘,
나는 잘 살기 위한 노력이 아닌
잘 죽기 위한 노력을 하는 것뿐이야."

생각의 전환,
나는 잘 살 자신이 없어,
죽음을 삶에 대입했으며

내게 다정한 우울,
어색한 행복이니,

그에 맞는 삶을 조성해
생존하는 것뿐이었다.

구겨진 밤

별의 뒤틀림도,
달의 주름도 곱게 펴져
찬란해진 밤하늘 아래,

낮에 힘없이 주저앉아 있던
수많은 꽃은 반갑게 피어나,
아름다운 밤을 만끽한다.

꽃들은 내일 밤도 오늘과 같길 바라는
기대감과 함께 봉우리를 뒤집고
해가 지기만을 기다렸다.

하지만 평소와 같은 구겨진 밤이 찾아와,
꽃들은 상실감에 모든 것을 잃은 것처럼
시들어 죽고 말았다.

그날의 밤은 어떤 의도를 갖고
우리에게 다정하게 찾아왔을까.

유독

처량한 밤하늘 속,
몇 없는 별이 애써 반짝입니다.

짙은 공간 아래,
잠들지 못한 유령들은
애써 그림자를 이끌며 거릴 누빕니다.

가까스로 내려앉은 달빛에 걸터앉아,
허물어지는 세상을 보니
모든 것이 죽음을 품어
아파하는 것이 느껴지는 듯합니다.

허기진 우리의 삶을
가득 메꾸고 있는 아픔,

벗어나길 바라는 유령들은
하늘을 물끄러미 쳐다봅니다.

그들의 시선이 닿았는지
말없이 더욱 반짝이는 별들,

"오늘 밤은 유독 빛나겠습니다."

광대

내가 웃고 있나요.
저는 분칠에 가려져 알 수가 없어요.

내가 즐거워 보이나요.
말없이 움직이다 보니 그런가 보네요.

내가 불쌍해 보이나요.
쓸데없는 동정은 사양할게요.

전부 척하고 사는 거죠,
모두 연기를 하고 속이는 거죠.
그러니 당신도 나와 같은 모습이죠.

헷갈리지 말아요,
우린 행복해질 순간까지 닮은 것을요.

살인

내게 총을 겨누고 있는 당신,

떨고 있는 손,
흔들리는 눈동자,
불안정한 숨소리,

무엇보다 붉어진 눈시울 속에
담긴 짙은 농도의 두려움을
바라보니 웃음이 난다.

저벅저벅,
한 걸음씩 천천히 다가가니
당신은 움직이지 말라며 총구를 바로잡는다.

터벅터벅,
멈추지 않으니
당신은 눈물을 흘리며 곡한다.

코앞,
당신과 맞닿기 전,

"탕."

뒤늦게 들리는 총성의 사이 속,

죽음의 기로 들어선 나는,
생과 이별하기 전 당신께
작별 인사를 건넨다.

"당신, 누군가를 죽일 각오로
살려고 노력할 생각은 하지 않았나,

아쉽네, 금방 스스로 나를 찾아와
다시 마주하겠구나.

우울, 그리고, 낙하

우울함 속으로
함께 낙하하고 있는 나와 당신,

두 눈을 질끔 감은 채
떨고 있는 당신에게
메고 있던 낙하산을 건넨다.

아리송한 표정을 짓는 당신께
괜찮다고 말하며 가속을 더한다.

당신의 눈물도
추락하는 속도를 이기지 못해 닿지 않는다.

균형을 잡지 못한 채
당신께 급히 손을 흔들며 말한다.

"나는 네가 건네준 사랑만큼
날 사랑하지 못해.

그러니 미소 지어 줘. 혼자 남아 봤자,
더 고독해지고 외로워졌을 거야.

뒤늦게 찾아와 줘,
이곳의 짙음을 내가 밝히고 있을 테니까."

우울,

그리고,

낙하,

내가 흘리고 있는 건
행복일 테니까,
울지 마라,

내게 설움 떨어질라.

시한부

영원한 건 없다.
만남에 이별이 있듯이
태어남에 죽음이란 것이 존재한다.

우리 모두 이 사실을 알지만,
모른 척 '현재의 삶'에 집중하려 한다.

얼마나 기특한가.
자신의 결말을 두려워하지 않고
'부와 명예'를 위해 애쓰며
버티는 존재들이 대견하다.

살아갈 이유를 억지로라도 만들고,
목표와 성취라는 결과물에 찌들어 있다.

서로에게 잊을 수 없는 아픔을 주기도 하며
추후 내려놓아야 하는 것을 애써 붙잡기도 하며,
알 수 없는 삶을 살아가느라 무섭기도 하다.

스스로 죽어야 할 존재임을 아는가 보다.

이번 생에 전부를 쏟아내지 않는다면
후회할 것임을 미리 짐작했나 보다.

그래서 다른 생명의 연장선을 끊고
자신에게 덧붙이며 욕심을 채우나 보다.

이리 비참할 수가 있을까.

무덤

그리움이 섞인 뜨거운 눈물 말고,
차가운 소주를 부어주세요.

대지의 열기로 살이 무르익는 가운데.
반기는 이에 마음을 간직하며
푸른 잔디를 건네려 합니다.

생전 소중한 당신께 나는
몇 번이나 꽃을 건넸을까,

서로가 축하할 상황은 아닐 테지만,
그간의 미안함을 받아 주며,
나는 후회를 덜어내고,
편히 쉴 터이니 금방 가셔도 좋습니다.

언제나 고요히 맞이하겠습니다,
들짐승들이 도토리를 주우러 다닐 때와
개구리가 산책할 때 빼곤,
어느 미동의 움직임도 없는 이곳에서
당신이 다녀온 발자국을 힘껏 끌어안은 채 말이죠.

이리 말하다 보니 죽었다는 걸 실감합니다.
내가 바라던 대로 더 이상 아프지 않습니다.
솔직히 무섭기도 합니다, 괜스레 평온해서 그렇습니다.

한평생을 아프게만 살아왔던 걸까,
눈을 감고 있는 와중에도
고통 없이 부패하는 현재.

여전히 할 수 있는 게 아무것도 없어,
서럽습니다.

다음 생엔

산들바람에 쉴 새 없이 흔들려도 좋으니
다음 생엔 꽃으로 태어나련다.

아침이 찾아오면 잎을 활짝 피어오르고,
저녁이 다가오면 자줏빛 색조 아래 석양과
함께 저물어 가며 하루하루 묵묵히 살아가련다.

소음이 끊이지 않은 세상 속 나라도 공백을
만들어야, 누군가는 편히 잠들 수 있으니까.

지구에 해로운 존재였던 나는
이로운 생명체로 새롭게 살아가다가,
네가 찾아왔을 땐 두 눈을 감은 채 살포시 꺾이겠다.

서로의 모습이 달라졌더라도
마음만큼은 한결같을 거니까.

나는 기다렸다는 듯
다시 한번 너의 품에 안길 때,
미소를 짓게 만드는 존재가 되어
시들 때까지 곁에 있다, 묵묵히 떠나겠다.

다시 마주한 이별 앞 너무 슬퍼 마라,

다음 생에도 너를 행복하게 할 수 있는
무언가로 태어나 따듯이 마주할 테니,

언제나 그랬던 것처럼.

PART 02.
그리워 말고 추억으로 남기며

사랑이란 시작 뒤엔

이별이란 끝을 맞이해야 하지만,

또다시 사랑을 탐하며 아파한다.

사랑하지 못 하는 이유

내게 사랑은 정신 질환과 같다.
이별이란 진단을 받을 때
얼마나 아플지 알면서도
누군가를 사랑하고
또다시 아프고

또다시 사랑하니까.

1년을 채우지 못한 꽃

봄에 핀 꽃은 사계절 중
겨울만을 담지 못해,
아쉬워하며 잎을 흘릴 뿐이다.

설움과 아쉬움이 쏟아진 자리,
건조해진 잎은 옅은 바람에
멀리 날리고 부서지며 사라진다.

자신의 일부가 사라지는 걸
느껴야만 하는 꽃의 마음은 어떨까,

사계절 내내 그녈 사랑하지 못한
나의 마음과 같을까, 꽃아.

방황

파멸될 사랑,
소모된 감정,
잊혀 가는 당신,

그리고 전하지 못한 문장,

"마지막까지 당신을 사랑한다."

독백이 될 지구의 사투리,
이것 또한 새벽을 떠돌다가 사라질,
한 사람에 관한 한 문장.

이젠 나도 당신께 잊힐 일만 남았다는 걸,
어렴풋이 알기에 문장 끝 마침표를
찍지 못한 채 오늘 밤도 방황한다는 걸.

추락

밤과 비가 함께 내리는 짙은 새벽,
처연한 순간 속 당신을 생각하면
혼잣말이 자연스레 나옵니다.

이 공허한 외침은 닿지 못할
소음으로 있다, 금방 떠나갑니다.

비가 와, 꽃들은 모두 고갤 숙인 채
따듯한 햇살이 다가오길 바랍니다.
그 모습 저와 크게 다르지 않습니다.
길게 늘어진 그림자에서도 알 수 있듯이
당신에 대한 그리움이 점점 더 커져만 갑니다.

당신이 나에게 추락했던 것처럼,
속절없이 맞닿았던 그때처럼,
나와 당신, 진정 사랑했던 때로
다시 돌아가면 안 될까.

간절히 빌어 봅니다.

"현재의 순간이 반복되지
않을 거란 말은 하지 않겠습니다,

그저 못다 한 말과 선물을 건네주며 당신에게
슬픔보단 행복을 조금이라도 더 건네주고 싶어서요.

죄책감을 덜기 위해서보다
그저 한 번이라도 더
당신의 미소를 바라보고 싶기에.

오늘도 몰래 속삭여 봅니다."

그늘

슬픔을 뒤로한 채
너의 곁을 떠났다.

주저앉는 소리가 크게 들렸지만,
꿋꿋이 앞으로 나아가, 시야에서 빠르게 사라졌다.

슬픔과 공허함에 잠길 당신,
걱정하지 마라. 금방 밝아질 테니까.

암울한 그늘이 치워졌으니
따듯한 볕이 다독여 줄 것이다.

그늘은 더 짙게 어두워져도 괜찮단다.
잠시라도 곁에 있어, 온기를 품은 채
떠난 것이니 그리워 말고 추억으로 남겨줘라.

우연과 필연 사이

봄의 서곡(序曲),
사월의 개화(開花),
별이 지고 꽃이 피는 계절에
맞닿은 너와 나의 만남은 우연이었을까.

겨울의 종곡(終曲),
십이월의 낙화(落花),
꽃이 지고 별이 피는 계절에
헤어진 너와 나의 만남은 필연이었을까.

소모되지 못한 사랑,
전하지 못한 문장 속
중간에 찍힌 마침표 하나가
서론의 이야기를 잠식시킨다.

애석하다, 어렵게 맺은 사랑이
이리 쉽게 질 수가 있다는 게,
마침표, 점 하나로 끝낼 수 있는 관계라는 게,
지워지지 않고 아른거리는 네가 밉다.

난파되어 조각난
옛이야기를 꺼내어
널 그리워하는 나조차.

이별이 묻은 안부

오랜만에 안부를 묻네요.
반갑지 않은 연락이겠지만, 여전히 이기적인 나는
그대에게 잊지 못할 사람이 되고 싶나 봐요.

돌아오지 않을 회신을 상상하며,
'저는 그저 지내는 중이에요'라고 속삭입니다.
마지막 끝에 당신의 웃음을 잃게 하고
울음을 건네준 회고에 사무쳐 있네요.

노을이 가라앉은 자리,
새롭게 떠오른 초승달 아래,
투박한 글씨로 전해지지 않을
편지를 쓴다는 게 애석할지 몰라도,
진심을 담을 수 있는 현재가
멍하니 서 있던 어제보단 낫네요.
다리가 저릿할 만큼, 우두커니
지키고 싶었던 그리움을 이제야 푸네요.

난 아픔에 익숙한 사람이었고,
그댄 한없이 여리고 착했으니
나보다 더 행복하길 바라고 있어요.

모든 질병을 대신 아파줄 수 없듯이,
이별이란 감기에 더는 쿨럭이지 않게끔,
속삭임도 없이 조용히 사라질게요.

이젠 그댈 가릴 그늘이 없기에,
따듯한 겨울을 지낼 수 있길 바라요.

잘 가요, 두 번 다시 없을
나의 소중한 인연이여.

존재의 유무

한결같이 사랑했던 우리,

사계절 내내 청록빛을 잃지 않는
소나무처럼 사랑의 농도가 온전히
유지되었기에 안심했었는데
그것이 안일함으로 변질될 줄은 몰랐다.

큰 이변만이 관계에 영향을 미칠 줄 알았지만,
사소한 틈과 균열까지 신경 써야 하는 게 사랑이더라.
바보였던 나는 언제나 사랑을 특별하게 여겨야 하는 걸
뒤늦게 깨닫고 네가 떠나간 자리를 맴돌 뿐이다.

하지만, 무슨 소용일까.
그저 그리움에 사무쳐 헤어 나오지 못하는 내가 사랑에
관한 몇 가지 사실을 공백 속에 털어놓을 뿐인데.

'있을 때 잘하는 말',
오늘따라 이 말이 나를 아프게 한다.

지난여름

여름 건너, 제게 다가오는
당신의 궤적을 사랑했습니다.

꽃말 없이 피어나는 들풀일지라도
청록빛 채도를 짙게 머금어,
석양이 이울고 밤이 허물어지는 순간
찬란한 화원 속의 일원이 되어
지구를 덧칠해 줬습니다.

풀벌레의 힘찬 울음이
슬프게만 들리지 않았습니다,

계절을 만끽하는 듯 고요히
노래를 부르며 다가올 아침을
잔잔히 기다렸습니다.

공허함도, 불안함도, 슬픔도
소모되었던 그 순간,

열기가 가시고
짙은 밤을 가로질러
결국 당신과 마주했습니다.

힘껏 서로를 껴안은 채
뒷모습 너머로 보이는
지나온 궤적,

지난여름,
참 밝았었습니다.

일기

다홍빛 석양이 이울고 바람의 세기와
온도가 알맞던 때, 우린 함께 얘기를 나누며
빈틈없이 서로의 여백을 채웠었고,

자줏빛 새벽이 허물고 달빛의 윤슬이 가장 아름다울
때, 우리는 아무 말 없이 서로를 바라보며 웃었었다.

뭐가 그리도 좋았는지 봄의 살랑거림이 코를
간지럽히듯 애틋함과 포근함이 우릴 따듯이
감싸 안았다.

이처럼 빛이 눈부시게 찬란했던 우리의 이야기가 영원
으로 남아, 평생의 안식이 되었으면 얼마나 좋았을까.

당신 없이 짙어져 가는 밤,
나는 그림자가 되어 정처 없이 홀로 떠돌다가
드뷔시의 'Suite Bergamasque, L.75 III. Clair De Lune'

연주곡의 음표와 몇 없는 별 사이에서
소리 없이 널브러져 있는 빛이 바랜 파편일 뿐이다.

당신, 한여름 장마처럼 마구 쏟아져
나에게 다시 한번 추락해 줄 순 없을까.
피할 수 없이, 속절없이 당신과 맞닿아
흠뻑 젖고 싶은 내 심정을 알아주면 안 될까.

저 멀리서 소망을 간절히 외쳐 보지만,
음이 소거되어 결국 닿지 못하고 사라지는 그리움,
편지지에도 적어 기록해 두지만 무슨 소용인가,

과거에서 벗어나지 못한 채
여전히 첨벙거리기만 하는 어느 남자의
슬픈 사연이 담긴 일기일 뿐,

이마저도 잊을까, 잃을까 두려운 마음에
온 세상이 무채색으로 칠해지는 것만 같다.

무대

길게 내려앉은 전깃줄은 한 마디의 악보로
밤하늘에 수놓은 별은 음표가 되었습니다.

선선한 바람은 무대 분위기를 조성시켰고
당신과 나는 아름다운 연출로 밤을 헤쳐 나갔죠.

이다지 아름답겠다.
모아 뒀던 유성도 쏟아 내려
열두 개의 별자리를 이었고,

빛을 잃은 바탕에 청록빛을 채색하여
하루만이라도 밤을 두려워하지 않을 수 있었습니다.

반쪽짜리 하루,
나는 그날을 잊지 못합니다.

한철 지나 시든 꽃을 그리워하듯
당신과 함께 만든 고즈넉한 밤을요.

재회

우린 참 닮은 구석이 많았지.
서로를 바라보며 해맑게 지은 미소도,
얘기하다 배시시 새어 나오는 웃음소리도,
모두, 우연이 아닌 필연적으로 느껴질 만큼.

사랑한 나머지
난 널 닮고 싶어졌고,
넌 날 닮고 싶어 서로에게 녹아든 거겠지.

각기 다른 환경에서 자란 우리가
나를 사랑하듯 너를 사랑했으니
닮아 갈 수밖에 없던 거겠지.

그래, 이토록 나는 너를 사랑해서
너 없이도 너를 사랑할 수 있게 되었지.

전처럼 네가 곁에 있었다면 더 좋았을 텐데,
이젠 스쳐 지나간 순간과 잔상을 떠올리며,
재회하는 게 전부네.

안녕,

반갑지 않고 슬프게만 느껴지는 인사말.

이젠 만남보다 이별에 익숙해져야 하는 시기가
여린 내게도 찾아왔구나.

뻔한 순간을 그리워하게 될 줄이야.
모든 인연이 그런가, 마음을 다 내어주고
깊어져 갈 때쯤, 떠나는 것이 결말인가.

아프다,
우리의 문장 끝,
세게 찍힌 마침표 하나와 공백.

잉크가 사방에 번질 만큼,
내 속내도 짙어져 간다.

사무치려나, 잘 모르겠다.

광년 光年

당신께 '사랑'이란 표현을
한없이 느끼게 해드리고 싶었습니다.

온 지구를 헤집어 건네드렸지만,
아무런 대답이 돌아오질 않습니다.

외관이 마음에 들지 않던 탓일까,
예쁘게 포장하여도 응답이 없습니다.

한없이 작은 별로는 만족하지 않는
우주와 같은 당신께 '나의 감정'은
닿을 수 없던 것이었을까.

감히, 이 작은 것은 품을 수도 없는 존재였을까.

되돌아온 사랑은
비참하리만큼 시린 이별입니다.

이해

살다 보면 이해하기 힘든 사람이 있다.

자신이 무엇을 잘못한지도 모르고,
속 편하게 웃는 사람을 보면 화가 치밀어 오른다.

'차이'의 분명함을 간과하지 않지만,
'인간의 도리'의 범주에서 탈선한 것은
수십 년 인생을 살면 자연스레 느낄 수 있다.

오차의 범위를 정하는 것은 스스로 자유이며
그에 따른 결과는 오로지 자신이 책임져야 한다.

어릴 적 어른들께서 말과 행동을
조심스레 내뱉으라는 것이 이와 같은 사유다.

이해란, 나의 행동이 인정받기 전에
타인에게 수용되는 기준을 먼저 생각해야 한다.

그렇지 않으면 아쉬운 이별과,
후회스러운 나날의 과거를 평생 품고,
돌이킬 수 없는 과거에 아파해야 한다.

"그것을 또다시 이해하고 안아주는 것까지,
실수란, 염원의 속죄여, 끝없는 다함이다."

뻔한 결말

인연이라는 건, 실타래가 얽히고설킨 순간이며,
저절로 풀리는 게 아닌 끊어져야만 비로소 성립됩니다.

보풀이 간지럼을 탈 새도 없이
몰려오는 고통과 설움이 틈새로 스며들어
가냘파진 실은 무겁게 툭 떨어집니다.

다시 새것처럼 될 수 없습니다.
한 번 주름진 건 완전히 펴지는 게 불가하기에
우리의 마음은 언제나 헌것입니다.

그것을 어떻게 치장하느냐에 따라
엇비슷한 것에 다시 엮이고, 끊어지니
시간이 지날수록 만남까지 두려워하는 건 당연합니다.

간과한 게 있다면, 인간의 다정한 감정이
'외로움'이라는 것입니다.

소리 없이 품속에 안착하여 사람도,
사랑도 다시 갈구하게 만드는 이것.

우리는 익숙해지지 않을 이별을
반복적으로 아파하는 결말을 맞이합니다.

뻔하지만, 뻔해야 하는,
헤어짐이었습니다.

마지막 소인

내게 다가오는 당신
유난히 별이 밝았던 밤이었기에
더욱 선명하게 빛났습니다.

우린 서로를 바라볼 때면
두 뺨이 담홍빛처럼 옅게 붉혀져
아늑한 노을을 연상케 했고,

서로의 품에 안겼을 때면
지구 별에 있는 모든 온기가 모여
작은 빈틈 사이일지라도
봄을 머금은 것처럼 따스했습니다,

당신은 그랬었습니다.
저를 위해 어둡던 밤을 밝혀 줬고,
외로이 바라봤던 노을의 아늑함을 알려 줬고,
허한 공백의 봄이란 계절을 안겨 줬었죠.

아아- 이 답장 없을 편지,
마침표를 찍지 못해 두서가 길어졌네요.

아무렴 옛 순간을 조금이나 적고
마지막 소인을 보냅니다. 행복했습니다.

PART 03.
쓸어 모은 순간의 파편들

세상에는 많은 장면과 소리가 들린다

외관적으로는 알기 힘든 이면적인 순간을

그대에게 몰래 전한다.

추억 하나

모든 게 난파되고 허물어지는 사이,
온전히 보존된 추억 하나가
인생의 궤도를 바꾸기엔 충분하다.

그날의 밤

온 세상의 고요가 한곳으로 모인 새벽,
그림자의 정처 또한 미동 없이
자릴 굳게 지킨 채 서 있었다.

잠시겠지만, 이 순간은 나만을 위한 것일까.
모든 게 멈춘 듯한 세상을 휘저으며,
평소 바라보지 못했던 풍경을 가득 담아냈다.

비록 다채롭지 못한 색감을 지녔더라도
내겐 한 조각, 한순간 모두 소중했다.

당당히 고갤 들고 걸었던 때가 언제였는가,
내가 바라봤던 세상, 그저 외로이 피어난
꽃을 바라보는 게 전부였는데.

그래, 난 여전히 혼자여도 괜찮다.
잊지 못할 순간 한 장면으로
평생을 살아가는 사람이 있듯이
나도 그렇다.

돌탑

사찰에 놓인 돌탑 앞에서
수많은 사람이 자신의 염원을 빌고 있다.

수없이 들리는 말은
"이번 사업이 잘되게 해주세요.
내 자식 대학 잘 가게 해주세요."

자신들의 욕망만 이루고 싶을 뿐.
그 누구도 이름 모를 타인의 행복은 빌지 않았다.
그래, 나라도 모두의 행복을 속삭이듯 빌자.

"모두 행복하게 해주세요."

눈을 감고 뜬 순간 주위 사람들은
나를 멍하니 바라보며 아무 말도 안 했다.
잠시의 정적에서 금방 들리는 멋쩍은 웃음들.
'하여간, 사람들은 이기적이다.'

안녕, 바다야, 정말 안녕

나뭇잎들의 부드러운 바스락거림과 해안가에 물이
부딪치는 소리만이 들리는 이곳 바다.
해가 지고 있어, 하늘은 분홍색, 오렌지색,
그리고 라벤더의 색조로 칠해져 무척 아름답습니다.

풍경을 바라보며 부두 가장자리에
살포시 걸터앉았습니다.
저 멀리 불어오는 산들바람은 소금과 모래의 향기를
가져와 나에게 포근히 안기며 코끝을 간지럽힙니다.

저 멀리 갈매기들이 서로를 부르는 소리가 들렸고,
평화와 고독이 적절히 섞인 이 순간 저는 지그시
눈을 감았습니다. 지구 한 폭 구석,
모든 것이 따스하게 느껴져 행복했습니다.

하지만, 석양은 점점 힘없이 기울고
아름다운 풍경을 급히 숨긴 채 떠났습니다.

그 찰나를 지나, 이곳에 영원히 머물 수 없다는 걸
알았지만 아쉬워하지 않고 감사할 뿐이었습니다.

비록 짧은 순간일지라도,
살아갈 이유 하나가 채워졌기에,
애써 손을 흔들며 보낼 수 있었습니다.

화원 花園

생각 없이 걷다가
길가에서 매연을 잔뜩 마시고 있던
이름도 꽃말도 모를 천 원짜리 꽃을 샀다.

검은 비닐봉지에 성의 없이 담긴 꽃을 들고
집에 도착해, 어디에 심으면 좋을지 주윌 둘러봤다.

"아, 저기가 좋겠다."

마당 한편에 비어 있는 공간,
볕이 잘 드는지도 고려하지 않은 채
무작정 땅을 파고 꽃을 심었다.

하루 이틀 정돈 물을 적절히 주었지만,
어느 순간 귀찮다는 핑계로 꽃의 근처에도
가지 않게 되었다.

긴 시간이 흘러 문득 생각나는 꽃,
죽었을 거란 확신과 미안함을 지닌 채
자리로 돌아가 봤는데 이게 무슨 일인가.

예상과 다르게 꽃은 봉오리를 활짝 피어
주변을 아름답게 꾸미고 있었다.

고작 천 원짜리에 정성도 들이지 않은 꽃이 피었다니
순간 모든 것이 무너져 내리듯했다.

나처럼 부족한 가치를 지닐 줄만 알았던 저 꽃은
환경과 상황을 탓하지 않고 홀로 이겨 냈으니까.

이런 속사정도 모른 채
내 쪽으로 몸을 기울여 살랑거려 주니까.

"나는 숨죽여 그 꽃을 동경할 수밖에 없었다."

기도

수많은 사람 중 나를 따듯이
안아 줄 사람이 단 한 사람이라도 있길,

나의 눈물을 말리려 하지 않고 함께
슬퍼해 줄 사람이 있기를 갈망했다.

서로의 행복에 질투하지 않고,
각자의 마음 한편을 따듯이 내어 주며
미소 한 번 더 짓게 만드는 존재.

우연히 맞닿을 인연이 아닌
반드시 만나게 될 필연이길 바랐다.

운명 따위 믿지 않던 내가
두 손을 모아 열망하며,
펑펑 웃을 날을 간절히 빌고,
여전히 또 빈다.

울고 있는 아이

엄마와 손을 꼭 잡고
걷던 아이가 넘어져 눈물을 글썽였다.

아이의 엄마는 찬찬히 달래 주며
울지 말라고 하였다.

눈시울이 붉어져 있는 아이,
엄마 말을 잘 듣고 싶었는지
애써 눈물과 콧물을 삼키며 참아 내려 했지만,
터져 나오는 설움을 막진 못했다.

그 모습을 물끄러미 보다,
급히 정신을 차리고 자리를 피했다.

울음을 터뜨리고 싶은 내 간절한 마음이
누군가의 설움을 또다시 부러워할 뻔했다.

중요

'세상에서 가장 중요한 것은 무엇일까.'라는 말에
누군가는 돈이 가장 중요하다고 말하며,
누군가는 행복이 가장 중요하다고 말했다.

좁혀지지 않는 답에 서로가 답답해졌는지
자신들의 의견을 상대에게 억지로
끼워 맞추려 할 때 크게 웃어 버렸다.

가까스로 웃음을 멎고 튀어나온 본심,

'그렇게 중요한 걸 너희들은 갖고 있니,
없다면 지니기 위해 무슨 노력을 하고 있어?'

소란스러웠던 분위기는 금방 고요해졌고,
모든 사람은 고개를 떨쳤다.

나 또한 마찬가지로.

바다의 속내

바다가 말한다,
자신이 아름다워 보이냐고.

그렇다고 대답하는 순간
바다는 큰 파도를 일으켰다.

모든 걸 집어삼킬 만큼 요동치는 파도 앞,
두려움보단 따듯함이 느껴졌다.

"바다야,
윤슬에 가려진 너의 아픔,
속내를 보니 나와 같구나.

잠겨도 좋으니 이 순간만큼
내게 다가와, 함께 무너지자.
또다시 일어날 우리이니
잠시라도 쓰러지자, 서 있기 벅찰 만큼."

PART 04.
초승달에 걸터앉아 세상을 바라보며

타인의 사연을 바라보았을 때,

지구는 참 복합적인 별이었으며

모두가 살아가기보단 버티고 있다.

그해 가을의 농도

몹시 시렸던 그해 가을,
안락해 보이는 술집에 홀로 들어가,
짙은 향을 풍기는 위스키 한 잔을 주문했다.

가게 안, 잔잔하게 들리는
이름 모를 재즈 음악에 기대어
심란한 마음을 잠식시키던 중
손을 빠르게 비비며 들어온 한 여인이 있었다.

주변을 이리저리 살피더니
나의 옆자리에 앉았고 같은 주류를 고른 뒤
서로를 빤히 쳐다봤다.

왠지 모를 이끌림,
사랑은 아니었고 단순 호기심도 아니었다.
묘하게 피어오른 잔상이 나와 굉장히
비슷해 그런 것 같았다.

얼마나 바라봤을까,
멍했던 정신을 순간 급하게 차려 고개를 돌렸고,
서로 말없이 술만 들이켤 뿐이었다.

두 뺨이 연분홍빛을 물들어 갈 때쯤,
살짝 취해 보이던 그녀가 먼저 말을 걸었다.
어색할 줄 알았지만, 생각보다 이야기를 즐겁게
이어 나가, 외로웠던 가을이 조금이나마
무뎌진 것 같았다.

쌓이는 술잔 속 우연히 그녀의 손목을 보게 되었다.
날카로운 것에 베인 것처럼 긴 흉터가 있어,
어쩌다 생긴 상처냐고 조심스레 물어봤다.

예상치 못한 질문이었을까,
그녀는 당황스러운 표정을 지은 채,
옷깃을 끌어당기며 상처를 어떻게든 가리려고 했다.

괜한 실수를 한 건 아닌지 걱정되어
미안하다는 사과와 함께 고개를 숙였지만,
거센 손짓을 하며 괜찮다고 했다.

잠시 뜸해진 시간의 공백,
이윽고 떨리는 목소리로 그녀가 내게 말했다.

"사실 예전에 너무 힘들어
매일 밤 죽음을 갈망했어요.

하면 안 된다는 걸 머릿속으로 수없이 되새겼지만,
저도 모르게 상처를 내고 있었죠.

후회해요, 저는 단 한 번의 실수로
평생 지워지지 않을 상처를 안고 살아가야 하니까요."

얘기의 마침표가 찍힌 순간, 그녀는 가엾이 울며
자신의 설움을 쏟아 냈다. 그 모습을 보고 동정심보단
나와 같은 아픔을 지닌 그녀가
진정 행복해지길 바라는 마음뿐이었다.

떨고 있는 그녀를 살포시 토닥이며 말했다.

"다시 죽고 싶은 순간이 찾아오더라도
혼자 죽으려 하지 말아요, 저도 죽음의 기로에
자주 서 있으니 우리 그때 만나 함께 무너져요."

'언젠가 괜찮아진다.'와 같이 잠깐 효력을 지닌
처방전을 건네주고 싶진 않아 진심을 전했다.

그렇게 다가올 아침때까지 쌓였던 아픔을
서로에게 덜어 내고 밖을 나간 순간
이렇게 개운했던 날이 마지막으로 언제였을까,
눈을 뜨기 싫어 피했던 햇살이
오랜만에 반갑게 느껴졌다.

산뜻한 설렘도 잠시, 갈 길이 다른 그녀와 아쉽게
헤어졌지만, 집으로 돌아가는 길이 외롭진 않았다.

그해 가을 아침, 물든 단풍잎과 같이
나의 농도도 짙어진 그런 날이었다.

그네를 타고 있던 소녀

늦은 새벽, 홀로 산책을 하던 중
우연히 그네를 타고 있는 소녀를 봤다.

앳되어 보이는데 이 늦은 시간에
그네를 타고 있어 궁금하기도, 걱정되기도 했다.

하지만 오지랖이 될 수 있으니
잠시 멈춰 있던 발걸음을 다시 옮기려던 찰나
소녀가 갑자기 그네에서 위험하게 뛰어내렸다.

"괜찮아요?"

놀란 마음을 붙잡고 급히 다가가 보니
역시나 무릎을 심하게 다쳐 피가 나고 있었다.

갑작스레 일어난 일로 머리가 하얘질 때쯤
소녀가 울음까지 터뜨려 정말 혼이 나갈 것만 같아,
나 또한 눈물이 흐를 뻔했다.

정신없는 상황 속 근처 편의점에서 밴드와
따듯한 차를 급히 사고 소녀에게 건네주었다.
묵묵히 받은 소녀는 코를 훌쩍이며 고맙다는 말과
함께 뛰어내린 이유에 대해서 말했다.

"저는 살아야 할 이유 보다
죽어야 할 이유가 더 많은 것 같아요.
우울증인 건지 몰라도 무의식적으로 옥상에 올라가,
떨어지는 상상을 수없이 하며 죽음을 갈망했어요.

하지만 떨어질 용기는 없어,
이렇게 그네에서라도 뛰어 내려봤어요. 저 바보 같죠?"

떨리는 목소리로 자신의 이야기를 힘겹게 말하는 소녀,
아직 어린 나이인데 생과 죽음 애매한 사이에서
방황하는 것이 너무 안타까웠다.

"아니에요, 저도 그래요. 살아가야 할 이유를
매일 찾고 있을 만큼 방황하며 힘겨워하고 있어요.
죽는 게 더 편할까 싶은 순간도 자주 있어,
무너지고 일어나기를 반복해 지쳐있기도 하죠.

이런 제가 생을 포기하지 않는 이유는
언젠가 행복해질 수 있지 않을까,
언젠가 살아가는 하루가 아닌
살아지는 하루를 보낼 수 있지 않을까 하는
소망을 삶에 더했기 때문이에요.

사실은 지금까지 불행했던 게 너무 짜증 나고 억울해서
무조건 행복해져 보려고 살아가는 중입니다!"

진지한 표정으로 내 말을 묵묵히 듣던 소녀는
순간 피식 웃으며 홀가분해진 것 같았다.

그렇게 별의 채색이 낮아질 때까지
얘기를 나누다 각자의 집으로 돌아가던 길,
문득 한 가지 궁금증이 생겼다.

"우리는 왜 힘든 것일까?"

음··· 우리 살아가야 할 이유가 하나 더 생겼다,

엉뚱한 해답을 찾기 위해서.

어느 노숙자의 조언

늦은 저녁 퇴근 버스를 기다리던 중
노숙인으로 보이는 아저씨가 다가와,
내게 말을 걸었다.

"총각, 오늘 하루 어땠어요?"

순간 조금 놀랐다. 선입견이겠지만,
평소 내게 말을 거는 노숙인들은
버스비만을 요구했으니까.

"음··· 오늘 하루는 그저 그랬어요."

아저씨는 가만히 듣다 웃으며 대답했다.

"그저 그런 하루··· 총각 오늘 하루 잘 살았나 보네."

무슨 말씀이실까, 멍하니 있던 찰나,

"총각, 아무 일 없이 무탈하게 보낸 오늘을
소중히 간직했으면 하네.
나도 처음부터 노숙인이었겠나,

한참 잘 나갔던 때도 있었지만,
무너졌던 순간 일어나지 못해
지금처럼 떠돌이 인생을 살아가고 있는 거지.

총각, 내가 62살이고 노숙 생활은 3년 차인데
가장 그리운 게 뭔지 알아?

잘 나갔던 과거? 전혀 아니야.
그저 평범했던 하루라네.
기복 없이 안정적으로 흘러간 날,
이제야 되돌아보니 가장 특별한 하루였지.

그러니 기운 내시게.
특별한 날을 보내고 있는 오늘의 주인공 아닌가."

한 번뿐인 인생 속,
누군가의 조연으로만 살아왔던 내게 아저씨가
건네준 모든 문장은 위로가 되었다.

짧은 대화로 한 가지 깨달은 것이 있다.
특별함과 평범함을 비교하면 당연히 평범한 것은
그저 그런 보통의 것이 된다.

하지만, 평범함은 처음부터 평범했던 거였을까,
익숙해져서 그렇지, 우리가 누리고 있는 당연한 것,
평범한 것들은 결코 쉽게 이뤄진 것이 아니다.
삶의 완전히 녹아들 수 있도록 노력한
우리의 소중한 결과물이지.

"평범해지기 위해, 적응하기 위해 얼마나 노력했는가,
무난했던 오늘 하루는 과거 고생한 당신을 위한
쉼의 날이니 소중히 여겼으면 한다."

소식

텔레비전을 버렸다.
안 좋은 소식만 전해주는 뉴스와
애써 웃으려 하는 사람들의 모습.

부정과 억지로 뒤섞인 화면을 보자니,
잡념이 뒤엉켜 신경을 곤두서게 한다.

'저들이 숨기고 있는 이야기가 무엇일까'가
궁금한 것뿐이지. 정해져 있는 대로 읽고,
웃고, 슬퍼하는 건, 나 같은 사람에겐 와닿지 않는다.

정작, 우리에게 필요한 메시지는
어느 공간과 순간에서 받아들여지지 못한다.
자신과 대화를 할 틈도 없이,
세상에 이끌려, 타인의 말에 삼켜졌으니,

'우린 많은 것을 잃어가는 중이다'란
소식을 몰래 전해본다.

사랑받고 싶은 아이

어릴 적 나는 인간관계에
지나치게 많은 신경을 썼다.

누군가 나를 미워하는 것에 대한 두려움이 컸기에
항상 남을 의식하며 눈치를 봤었다.

나의 감정보단 타인의 감정을 더 이해하려 했고,
양보와 배려를 넘어 무리한 부탁까지 쉽게 들어줬다.
그렇게 하면 '사랑받을 아이'가 될까 싶었지만,
어느 순간부터 '호구'라는 표현이 더 알맞을 만큼
나는 만만한 사람이 되어 있었다.

"나는 단지, 사랑받고 싶어, 미움받고 싶지 않아서
착하게 대해 준 것뿐인데 그런 나를 왜 사람들은
막 대하며 무시할까."

언젠가 알아줄 거란 헛된 희망을 품었는데
돌아오는 거라곤 외로움과 고독함뿐이었다.

혼자가 되었던 순간,
일찍 정신을 차렸으면 좋았을 텐데.
그때의 나를 수식할 수 있는 표현 중 하나가
'애정 결핍'일 만큼 더 큰 사랑을 바라게 되면서
점차 스스로를 잃고, 타인에게 더 집착하였다.

이처럼 지칠 대로 지친 채 상처받으며 자라난 나는
더 이상 사람을 사랑하지 않으려 했다.
누군가는 오히려 잘된 게 아니냐 말하지만,
마음 한편에는 사람을 사랑하는 마음이
여전하여 나오지 못하게 제어할 뿐이라는 건 비밀이다.

이젠 잘 안다. 사람을 너무 사랑하게 되면
기대감의 비례한 상실감도 커진다는 걸,
감정을 조절하지 못하면
스스로는 물론 모두를 잃게 된다는 걸,
나는 사랑받지 못할 아이라는 걸 끝으로

사랑에 대한 정의에 마침표를 찍었다.

착한 사람

22살, 군대에서 막 전역했던 나는
신경 정신과 상담을 받은 적이 있다.

군대 내부에서 쌓였던 스트레스가 낫지 않아
극심한 우울증에 시달렸기 때문이다.

두 번 다시 가고 싶지 않던 신경 정신과 대기실,
한숨과 탄식을 푹푹 내쉬며 순번을 기다리던 중
나의 이름이 호출되어 진료실로 들어갔다.

처음 마주하게 된 의사 선생님께서는
감사하게도 긴 시간 동안 상담을 해 주셨다.

오랜 대화 끝에 내리신 나의 진단명은
"너무 착해서 유발된 우울증"이었다.

순간 얼빠진 표정을 지었지만,
정신을 급히 차리고 선생님께 조심스레 물었다.

"그럼 선생님, 저는 나빠져야 하나요?"

선생님께서는 웃으시며

"아니요, 우울증의 원인 중 하나인 '착함',
타인을 배려하기 위해 신경을 많이 쓰고 섬세하고
예민하다 보니 유발되기 쉬운 마음의 상처예요.

최고의 처방은 '자신에게만 착하기'입니다. 타인에게
신경 쓰기보다 나 자신을 바라봐 주고 보살펴 주세요.
그 어떤 처방보다 나을 거예요.

그렇다, 내 마음은 이토록 힘듦에도
나 아닌 타인을 챙기는 것에만 집중하였기에
몸에서는 우울이란 신호를 보내며
설움을 토해 냈던 것이었다.

상담 후, 나는 조금씩 바뀌려고 노력했다.
타인의 시선보다 나의 주관을 중심으로
타인의 힘듦보다 나의 힘듦을 우선으로 두니
세상이 다르게 보였다.

변화한 마음가짐과 시선으로 세상을 바라 보자,
번잡하게만 느껴졌던 하루가
잔잔히 흘러가는 것만 같았고,
시끄러웠던 세상 속에서도
음이 소거된 순간이 있다는 것을 깨닫게 되었다.

그간 우울할 때, 억지로 많은 사람을
만나려고만 했던 나였지만, 이젠 깨달았다.

혼자만의 시간을 보내며 안정을 되찾아야 한다는 걸.
당신의 우울함이 어디서, 어떻게 발현되었는지
알 수 없기에 이렇다 할 조언을 건네기는 어렵다.
다만 우울이 닥쳤을 때, 타인보다는 나와 내 주변을
찬찬히 살펴보아야 하는 것. 이것이 가장 중요하다.

약이 주는 인위적인 효과보다는
나 자신에게 건네는 다정한 위로가
더 큰 효과를 발휘할 것이다.

발명가가 발명품에 대해 제일 잘 알 듯,
당신의 우울은 당신이 제일 잘 알고,
잘 보살필 수 있을 것이다,

착한 사람아.

미디어

내게 위로를 건네받았던 이들이
한순간에 적이 되었었다.
거짓된 어느 한 사람의 말에 동요하여
수만 명이 넘게 나를 벼랑 끝으로 밀어냈다.

"아니에요. 저는 그러지 않았어요."

눈물을 흘리며 진실을 꺼내 봐도
틀에 박힌 생각을 금방 되돌릴 수 없었다.

살려달라고도 말할 힘조차 없던 도중,
사람들은 나의 소중한 가족과
지인을 무자비한 말로 공격했다.

그 순간을 잊지 못한다.
사람이 미치면 어떠한 생각을 하고
뭐든지 해낼 것 같다는 암흑에 잠겼다.

복수도 아닌 이것은 무엇일까,
이걸 계속 품고 있다면 인간이 아니었을 것이다.

"그래, 뭐라도 해야지.
대신 저들처럼 가족에게 피해 끼치지는 말아야지."

마음을 다잡고 한 달이란 시간 동안
차근히 사건을 해결하고 보니 어느새
모든 실마리가 풀려 있었다.

웃긴 건, 나를 욕하던 사람은
다시 편이 되고 싶었는지 아양을 떨며,

"그럴 줄도 모르고 고생하셨네요."

그 한 문장에 수십 번 속을 토해내고,
마지막 답장을 보냈다.

"행복하세요."

그들에게까지 미디어 속에서 뭐라 하고 싶지 않았다.
가치도 없을뿐더러, 이미 지쳤기에 나는 쉬고 싶었다.

그로부터 몇 개월이 흘렀을까,
나는 여전히 사람에 대한 불신과
미디어에 대한 싫증이 남아있다.

단 한 사람,
단 한 번의 말이
단칼이 되어,
단절된 삶을 건네주는 요즘 세상이
추잡하고 꼴사납게 느껴진다.

고작 화면 속에서 서로를 비교하고 가치를 매기며,
타인을 비판하는 것에 흠뻑 취한 것인지,
미친 것인지.

비좁은 가상 공간이
자각해야 할 현실을 놓치게 하더라.

비교

경쟁은 지쳤습니다. 언제까지 서로의 가치를
임의대로 평가하고 비교하며 나눠야 하는지,

부족한 부분을 채워주는 것보다
핀잔을 주며 비난해야만 하는지,
살아남으려면 이렇게까지 해야 하는지 싶습니다.

이와 같은 상황을 홀로 탄식할 뿐,
대부분에 타인의 마음을 동요시킬 수는 없습니다.
유년 시절부터 '시험'이란 시스템부터
'채용'이라는 생계까지 우린 수치에 속해있다는 건
과언이 아니기 때문이죠.

저도 다를 거 없이
타인의 뒷모습을 따라가기 바빴습니다,
어쩌면 추월하고 싶은 욕망이 더 앞섰기에
수없이 좌절하고 일어나길 반복했을 수 있습니다.

모든 걸 내려놓고 주위를 둘러보았을 때,
옆을 스쳐 지나가는 사람들의 표정에는
옅은 미소와 안도감이 있었지만,
금방 초조함과 불안감에 휩싸여 보였습니다.
대체 이들은 언제 마음 편히 웃을 수 있을까 하며,
오랫동안 제자리서 지나온 길을 되돌아갔습니다.

분명 마주했었던 것들인데,
기억이 잘 나지 않더군요.

오래된 사진처럼 색이 변색된 것도 아닌데,
어째서일까, 그립지만, 그리워할 수 없는 감정이
오묘하게 느껴집니다.

눈 앞을 가린 욕심으로 인해 정작 삶에 있어,
중요한 요소를 놓치고 있었습니다.

돌아가신 할아버지와의 추억,
부모님의 깊어진 주름,
청춘을 함께 지내었던 친구들의 안부는
뒷전이었습니다.

찬찬히 쌓이는 창틀의 먼지처럼,
나의 슬픔이 덮어지기까지는 오랜 시간이 걸리겠지요.

가끔은 정리하고 싶지 않은 물건이 있듯,
공간도 있습니다. 보이지 않는 짙은 어둠 속
미래가 아닌 위안의 향기가 묻은 순간.

품고 있던 행복조차 까먹은 채,
왜 불행만 하다고 했을까,
스스로 몰아넣은 암흑을 어루만지니,
손에는 아무것도 잡히지 않습니다.

제가 만든 망상이었던 걸까요,
세상의 순리를 깨달은 것일까요.

여전히 쉼표는 훼방하는 중입니다.

다섯 명

주위에 가장 친한 사람 다섯 명의 평균치로
현재 '나'의 가치를 평가할 수 있다.

그만큼 주위에 누가 있냐에 따라
인생이 확연히 달라질 수가 있다.

본래 환경의 영향을 많이 받는 사람이란 존재는
무언가를 창조하는 것보다 '따라 함'에 익숙하니까.

누비는 거리마다 특색이 있듯이,
자신을 올바르게 안내할 길을 찾고.

영향력이 있을 법한 곳이 재개발되듯이,
성장 가능성이 있는 사람을 찾고.

그에 맞는 사람이 되기 위해 노력하자.
분명히 당신의 그 노력은 빛을 발휘한다.

"눈에 보이지는 않는 것에 가치가 붙기까지는
수없이 많은 땀과 눈물을 흘려야 하지만,
평생을 안고 갈 수 있는 유일한 업적이며,
과거의 영광을 남길 수 있는 흔적이 된다."

PART 05.
당신의 채색을 더 짙게 칠해 줄게요

이겨내려는 성질을 지닌 사람이

가끔은 적절한 위로와 함께

지친 마음을 다독여야 한다.

소인 消印

당신의 우울은 파란색이기에,
하늘을 바라볼 때면 어렴풋이 잔상이 떠오릅니다.

눈에 띄는 채도, 짙은 배경과 잘 어울려,
흑백의 무채색을 지닌 저는 당신을 유심히
바라보며 많은 점을 알게 되었습니다.

그중 유독 당신과 가장 잘 어울리는
수식어 한 가지 '너무 착한 사람'이었습니다.

타인에게 모진 말을 건네주고 싶지도
듣고 싶지도 않길 바라, 설움과 아픔을
체할 만큼 삼키는 모습, 수없이 바라봤으니까요.

자신을 희생해, 타인을 위해, 살아가는 당신,
과거의 저와 크게 다르지 않더군요. 이다지 닮은 우리,
제가 당신께 건네고 싶은 말은 '그러지 마라.'입니다.

요점으론 자신을 사랑하길 바랍니다.
저는 모든 걸 잃었습니다, 파란색 우울마저도요.

그렇기에 현재의 무채색을 지닌,
아무 감정도 느낄 수 없는 바탕이 되었습니다.

당신의 파랑, 우울 그마저도 소중한 것이기에
더는 자신의 일부를 타인에게 뺏기지 않았으면 합니다.

그저, 당신이 당신답게, 지닌 모든 것을 소중하게,
마지막으로 행복하게 살아갔으면 합니다.

가시는 길 외롭지 않게

갑시다, 떠나는 당신 따라 함께 걷겠습니다.
대화하다 웃기도 울기도 하며,
아름다운 풍경도 바라보며,
보이지 않던 세상의 아름다움을 담고
머나먼 길 떠납시다.

외롭지 않게 도착한 곳에선
당신을 따듯이 안으며
한마디만 전하겠습니다.

"다시 돌아가자,
지나와 보니 그리운 현재로."

보폭

우리 잠시 걸을까요. 보폭을 맞추어서요.
천천히 나아가도 좋으니 아름답게 핀 꽃도,
파스텔로 그린 듯한 하늘도 바라보며 함께해요.

그간 홀로 버티고 견디느라 고생 많았어요.
불안정한 현실 속에서 외로이 지낸 당신,
이젠 나와 수평을 맞춰 나아가요.

한 걸음 한 걸음 내디딜 때마다
두려워했던 우리,

이젠 발길에 행복을 담아
눈부신 추억을 가득 새겨요.

당신께 물어요

안녕, 오늘 당신의 하루는 어땠나요.
어제와 크게 다르지 않았을까,
오늘은 속상한 일이 있었을까,
내일이 두려워 잠들지 못하고 있을까 해서요.

그저 평범했던 하루였든, 고단했던 오늘이었든,
두려움으로 가득한 현재든, 그 어느 때든
당신의 안부를 묻고 함께하고 싶어서요.

내 일상에 당신을 녹아 들여, 당신이 슬프면 나도 울고,
당신이 웃으면 나도 웃고, 그런 삶 속 나는 조연으로서
주연인 당신을 더 빛내 주고 싶어요.

당신께 또다시 물을게요.

"함께할 자격을 건네줄 수 있으실까요."

밤이 내리고

세상은 어두워졌다.

잠시 뒤 몇 없는 별이 나타났을 땐
세상은 조금 밝아졌고,

하나뿐인 달이 드러났을 땐
세상은 환히 밝아졌다.

그래, 하나뿐인 것이 세상을 밝힐 수도 있다는 것,

당신도 그렇다는 걸.

신문지

당신의 눈물이 내게 닿으면
슬픔이란 감정에 흠뻑 젖다,
속절없이 찢어진다.

그런 내가 당신께 바라는 건
한없이 울어도 되니 눈치를 안 봤으면 한다.

나는 당신의 어떠한 모습이든 바라볼 수 있는,
당신의 어떠한 감정이든 나눌 수 있으니까.

그저, 함께하는 사람이 있는 것만으로도
내겐 소중하니까, 그 사람이 당신이라서

뭐든 좋다.

비밀의 아지트

어서 와요, 소중한 당신,
여기는 당신만을 위한 비밀의 아지트예요.

여기서만큼은 현실에서 도망쳐,
무엇이든 내려놓을 수 있으니
힘들 땐 언제든 찾아와요.

저는 여기서 당신을 안온히 기다리며,

"당신에게 살아갈 이유 한 가지를 더 채워 줄게요."

보통의 존재

환히 빛나는 별들 사이,
애처롭게 떠 있는 옅은 별 하나.

자신의 존재가 묻힐까, 잊힐까 하는
두려운 마음에 짙은 밤하늘을 쉴 새 없이 유영하네.
그 모습 나와 다르지 않아, 별을 향해 힘껏 외치네.

"우리가 있어, 주변의 별들이
더 빛날 수도 있고, 은은한 불빛에
누군가는 더욱 안정감을 느낄 수도 있단다.

보통의 것 '평범함'은 언제든
'특별함'으로 바뀔 수 있으니 너무 두려워 마라,

그저, 네가 지닌 옅은 불빛조차
사랑하고 아껴다오,
그거면 충분하다, 별아."

마지막 걸음엔

"살아가는 것 자체가 고통이야."
고향 친구들과 술 한잔하면 습관같이 나오는 말입니다.

저도 여러분도 몰랐을 겁니다,
사는 게 이렇게 힘들 줄이야.

숨 쉬는 것조차 벅찰 때가 있지만,
그만큼 가슴 뛰는 일도 있기에
우리는 단 한 번의 행복일지라도
소중히 여기며 살아갑니다.

생각보다 우린 잘하고 있어요.
청년 고독사가 증가하는 요즘,
심란하고 불안정한 세상 속 포기하지 않고
자신의 삶을 가꾸고 사는 것이 쉽지는 않잖아요.

마지막으로 건네주고 싶은 말은
남들의 삶과 비교하며
자신의 삶을 망치지 않았으면 해요.

'나' 자신이 가장 중요하니 제일 많이 신경 써 주면서
삶을 아름답게 가꾸며 나아가 봐요.

울다 걷다 웃다가 또 우는 나와 당신,
그 끝 마지막 걸음엔 웃음이길 바라요.

꽃과 당신

옅은 바람에 수없이 흔들려도 꿋꿋이 버티고,
내리는 비에 젖어도 추위를 꿋꿋이 견뎌 내며
살아가는 게 어찌 아름다운 꽃만인가.

당신도 그러거늘.

불면

잠들기 어렵지 않나요,
저도 그래요. 이유 모를 불안감에 휩싸이거나,
생각이 얽히고설켜 수없이 뜬눈으로 밤을 보냈어요.

불면(不眠),
가장 편안해야 할 시간이 어쩌다 두렵게 변했는지
왜 나는 평범하게 지낼 수도 없는 건지,
그저 현재가 애석하기만 해요.

새벽을 방랑하는 나와 당신,
우리 무채색인 풍경 속에서 잠시 유영할까요?
빛나는 존재라곤 몇 없는 별과 우리뿐이니까.
채도를 지닌 나와 당신이 세상을 헤집어 짙은 농도로
새벽을 채워요. 그렇다면 조금이라도 더 고요한 밤을
두려워하지 않을 테니까요.

"그저 당신이 외롭지 않게 잠들어
좋은 꿈을 꾸기 바라서요."

우리

미움받긴 쉬운데
사랑받긴 왜 이리 어려운지 모르겠어요.

미움받는 건 익숙한데
사랑받는 건 왜 이리 어색한지도요.

이젠 사랑이란 감정이 마냥 달갑지 않은 것도,
행복이 금방 떠나갈까, 두려워진 것도,
어째서 좋은 건 다 부정적으로
변하는지 알 수가 없네요.

끝없는 의문, 찍지 못하는 마침표,
소진된 감정의 경계선에서 나는
점점 현실에 질식해 가요.

죽어 가는 이 순간에도 웃지 못하는 건
왜일까요, 내 옆에 있는 당신도 그렇네요.

우리 마지막 순간이라도 따듯이 안으며 떠날까요,
서로의 온기를 나눈 채 편히요.

"이별 뒤에 새로운 만남이 있듯,
우리 현재를 두고 떠날까요?
나는요, 지금이 싫어요.

그래서 과거도 미워질 것 같아,
멀리 더 멀리 나아가
미래를 꿈꾸지 않고 만끽하려고요.

당신, 함께 갈래요?

두 손 꼭 맞잡고 같이요."

흔적

세상은 나의 무대,
주연으로서 최고의 연기를 펼치는 중이다.

슬픈데 웃고, 힘든데 웃고, 어떤 상황에서든
애써 웃을 수 있는 베테랑 연기자, 나조차
나의 웃음에 속을 만큼 그간 모든 것을 속여 왔다.

거짓된 감정과 거짓된 삶,
모든 게 올바르지 못한 세상에서
내게 유일한 도피처는 바다였다.

라벤더 색조의 하늘 아래
윤슬을 바라보며 체념할 수도,

기어이 떨어진 눈물을
자신의 품에 받아 주기도,

엄마를 목 놓아 우는 순간의 소음을
거센 파도가 감추어 주었으니까.

그래, 진정한 내 모습을 바다만큼은 소리 없이
이해해 줘 고마웠다, 잠겨 죽어도 좋을 만큼.

"우울함을 감출 수밖에 없었다.
나로 인해 주변 사람들이 우울함에 감염될까,
모두가 힘든데 나만 약해 보이는 건 아닐까 싶어
수없이 설움과 아픔을 삼키기 바빴다.

이처럼 당신도 나와 같았다면,
함께 바다로 가지 않겠나.
소리 없이 묵묵히 걸으며
모래사장에 발걸음만 남기자.

파도가 밀려와 사라지더라도,
바다는 우리의 흔적을 기억할 테니까."

나 그리고 너

자신만 힘든 것 같나요,
그렇다면 아주 잘 알고 계시네요.

내가 힘들 땐 세상에서 가장 힘든 사람은
나 자신이니 이기적이어야 합니다.
내가 힘든데 누구랑 비교할 틈이 어디 있겠어요.

나부터 걱정하고 챙기세요. 그다음이
타인이고, 새로운 인간관계 형성입니다.

나의 바람은 당신의 행복

사람들이 당신의 아픔을 몰라줘 서럽나,
그래 이해받는 게 여간 어려운 요즘이다.

힘겹고 벅찰 때 다정함과 따듯함을 갈구하며
목말라 하지만, 온기를 빼앗긴 지구에서 더
시리게 말라 갈 뿐이다.

한 사람을 품는 것만으로도 부담을 느끼는 세상 속,
기댈 곳도 없이 외롭게 버티는 당신이
행복해졌으면 한다.

혼자 울지 않고 함께 웃는 순간이 당신의 곁을
감싸며, 미소를 잃지 않은 채 살아갔으면 한다.

"행복해라, 건강해라, 소중한 사람아."

당신이 살아감으로써

아름답게 피어난 꽃 한 송이를
유심히 바라보고 있으면
옅은 산들바람에도 자꾸만
흔들리는 모습을 볼 수 있습니다.

불어오는 바람을 피할 수 없어,
속절없이 맞닿아야 하는 상황 속
꽃의 심정은 어떨까요.

저녁노을과 함께 져 가며
봉오리를 오므린 채 숨는 건 자신의 설움을
몰래 쏟아 내기 위함이 아닐까 싶어요.

하지만, 반복되는 삶에 지칠 만한 꽃은
살아가기 위해 다시 힘을 내어
매일 이른 아침 봉오리를 활짝 열고
우리와 반갑게 마주합니다.

피어났음에 아름다운 것이 아닌
살아가기에 아름다운 꽃처럼
당신도 그렇다는 걸 알았으면 합니다.

당신이 살아가고 있어,
저의 세상이 더 아름다워진다는 것도요.

걱정

얼굴을 베개에 파묻은 채 서럽게 우는 당신,
혹여나 소리가 새어 나갈까 걱정되나.

괜찮다, 목 놓아 울며 쌓인 설움을
덜어 내도 아무 문제 없다.

언제나 눈치를 살피고 감정을
드러내야만 했던 지난날을 잊고
솔직하게 표현해 보자.

나 힘들다고, 울고 싶다고 말하며
그만 감정을 속이고 숨기자.

그러다 자신의 모든 감정을 잃어버릴까,
걱정된다.

스스로

사연 없는 사람 없듯이,
모든 감정에도 이유가 존재한다.

그중 힘들고 지쳤다는 건
'노력'했다는 '증표'와 같고,

불안하다는 건
'준비'한 만큼의 '기대'와 같고,

울고 싶다는 건
애써 참아 왔다는 '인내'와 같다.

그러니 당신을 흔들리게 하는 무언가,
또는 감정을 결코 나쁘게만 받아들이지 말자.

그 순간 자신을 더 사랑하고, 쉼을 보태며,
불안정한 마음을 다독이길 바란다.

세상에서 가장 힘든 사람

한때의 기억으로 평생을 살아가는 사람이 있어.

누구는 행복한 기억 하나로,
누구는 가슴 아픈 이별 하나로,
잊히지 않은 찰나에 자주 머물지.

기억은 잉크 같은 거라 쉽게 사라지지 않아,
그래도 조금씩 옅어지긴 해서 다행이야.

번지기만 하는 너의 아픈 기억, 추억, 순간이
금방 나아질 거란다. 흐름 따라 모든 게 변하는
세상이니 믿어도 돼.

이젠 밥도 잘 챙겨 먹고, 친한 친구도 만나며
슬픔에 지친 자신을 조금 더 챙겨 보자.

"세상에서 가장 힘든 사람은 현재의 나 자신이니까."

올바른 인간관계

모두에게 사랑받을 수 없다는 걸,
감정을 건넨 만큼 돌려받지
못할 수도 있다는 것을
누구보다 잘 아실 거예요.

갈수록 모든 말과 행동에는 조건이 붙기 시작합니다.
주위 둘러보면 '비즈니스 관계'가 더 많아졌듯이
서로를 활용하기 위해 지내는 경우가 더 많아지죠.

이처럼 좁아지는 대인 관계를 통해서 우린
'나를 위한 사람'이 없다고 느껴질 수 있어요.

지금껏 살아온 삶에 대한 회의감과 죄책감에 깊게 빠져
무너질 수도 있지만, 우리가 깨달아야 하는 것은
'소리 없는 헌신'을 하며 나의 곁을 지켜 주는 사람이
분명히 있다는 것입니다.

가족일 수도, 친구일 수도, 강아지일 수도 있죠.
대상이 어떤 누구든 나를 진정으로 위해 줄 수 있는
존재가 있다는 것만으로도 잘 살아가고 있는 겁니다.

인간관계에서의 '욕심'이 생기면 끝이 없다는 걸
알아주셨으면 합니다. 익숙해진 사람에게 막 대하고,
친해지고 싶은 사람에게만 잘하면
다 잃게 된다는 걸 잊지 않았으면 합니다.

어차피 떠나갈 인연에 매달려 봤자,
돌아오는 건 상처뿐이니 그저 순수히
나를 좋아해 주는 사람들에게 잘해 주세요.

그렇게 살아가는 것이 가장 현명하고
인간관계에 있어 좋은 유지법입니다.

미워하지 마라

사람을 미워해봤자, 자신만 더 힘들 뿐이다.

안 그래도 복잡한 마음속,
적이 많아지고, 신경 쓸 게 늘어나는 것만큼
시간 아까운 것이 없다.

날 싫어한다면,
똑같이 대하려 하지 말고 무시해라.

날 좋아한다면,
그때만큼 관계에 최선을 다하고,

다시 떠나갈 때쯤엔
후회 없이 보내주면 된다.

우리가 언제 모든 사람에게 기대했나.
다 잘 지내고 싶은 욕심이었던 거지.

인연 뒤 운명

삶의 일부가 된 사람이
자신의 곁을 갑작스레 떠날 때,

우린 또다시 혼자가 되어야 한다는 두려움과
외로움에 사로잡혀 크게 무너지게 된다.

마음 한편을 얼마나 내줬냐에 따라
슬픔의 차이가 분명하다.

이처럼 마음속 깊이 품고 살아간 사람과의 마지막은
눈물이 세상을 범람할 만큼의 슬픔을 넘어
고통이 느껴질 만큼 괴로울 것이다.

두 번 다시 겪고 싶지 않은 순간이자 아픔으로 인해
인간관계가 어려워져 사람을 경계할 순 있지만,
다가오는 사람을 밀쳐 내고 멀리할 필요는 없다.

그 사람이 당신의 곪았던 상처를 달래 주며
고운 새살 돋게 할 수도 있고,

지난 세월 단 한 번도 느껴 보지 못한 감정을 건네며
함께 더 행복해질 수도 있으니까.

우리 언제나 이별을 품고 살아가는
외로운 존재들이지만, 우연히, 운명적으로
맞닿은 인연을 쉽게 놓치진 말자.

그래,

이번에도
함께 행복했던 순간만큼이나
이별 뒤에 아플 수도 있지만,

"현재의 행복을 다가오지 않은
미래와 불안함 속에서 애석히
사무치기엔 너무 아깝다."

그만큼

백 마디의 말보다 한 번의 따듯한 포옹이
더 큰 위로로 느껴질 때가 있다.

마음 한편 내어 주기도 힘든 세상 속,
슬퍼하는 나를 온전히 받아 줄 사람은 몇 없으니까.

서로의 온기를 나눈다는 건,
전처럼 쉬운 일이 아니게 되었다.

감정의 이동과 교류를 통해
수많은 상처가 생기기도 했으니
조심스러워질 수밖에 없다.

그렇기에 우리가 지닌 속성 중
가장 유연하고 활발한 슬픔을 찬찬히 달래 주며
잠식시켜 줄 사람이 곁에 한 명만 있더라도
'성공한 인생'이라 정의하나 보다.

"나는 당신의 슬픔을 안아 줄 수 있는
사람이 되고 싶어.

대가를 바라지 않고
순수히 사랑하는 마음만으로.

나는 당신의 행복을
함께 기뻐해 줄 사람이 되고 싶어.

질투하지 않고 온전히 축하해 주며
서로의 미소를 간직하는 것만으로도
살아갈 이유가 될 테니까.

그저 당신과 함께하고 싶어.
모든 날, 모든 순간,
흘러넘칠 만큼,

서로에게 잠길 만큼."

꽃말의 숨겨진 메시지

석양이 이울고
밤이 깊게 내려앉은 순간,
당신의 잔상은 선명해졌다.

어둠이 허물고
청록빛 칠월이 가장 알맞게 무르익은 순간,
우리의 내면에서 해란초가 가득 개화했다.

채워지는 공백,
겹쳐지는 감정,

소모되기만 했던 나날의 연속 중 오늘과 같은 날을
기억하기 위해 또다시 기약하기 위해 꽃말에
쉼표를 붙여, 몰래 메시지를 남긴다.

사계절 지나, 다시 함께할 날에 문장을 들춰,
서로를 마주 본 채 웃을 날을 기대하며.

살아라

죽을 만큼 힘들고 아프더라도
스스로 난간에 매달린 것과 같은
아슬함과 비참함을 느끼지 말아라.

태생은 선택할 수 없지만,
죽음은 선택할 수 있기에
더욱 무섭고 두려운 것이다.

잊지 마라.
산다는 게 지옥 같아도,
죽음 앞에 서 있는 모든 인간은 또다시 살려 한다.

그 아픈 마음을 어찌 느끼려 하나.
청춘이 다 지나지 않은 여린 네가.

감당하지 마라,
그것만큼은 어울리지 않은 결말이니 살아라.

태어남과 동시에

울부짖는 아기, 힘찬 울음소리를 듣고
고통도 그새 잊은 채 웃음을 지어내는 어머니.

이처럼 우린 세상에 놓이기 전부터
누군가의 희생과 헌신이 필요합니다.

상처도, 힘들이지도 않고
되돌아오는 것은 없으며,
자신의 고통과 바꾼 보답을
타인에게 건네준다는 것도 당연하지 않습니다.

당신이 태어났다는 거,
굶지 않고 성장했다는 거,
조금이나마 마음 편히 쉬는 거,
잠이 쏟아질 때 잘 수 있는 거,
누군가에게 특별함으로 이뤄지는 선물과도 같으니
자신이 지닌 것을 소중하게 여겨야만 합니다.

그렇지 못한 인간의 최후는
더 이상 행복을 느낄 수가 없고, 슬퍼하지도 않으며,
사람이란 감정을 추악하게 느낍니다. 길을 거닐다가
도둑맞을 수 있을 만큼, 당신이 지닌 웃음꽃을
빼앗기지 않게 스스로 잘 챙기시길 바랍니다.

당신의 입가에 머무는 것은
누군가의 살과 피로 이뤄진 것이니,
그 희생에 대가를 쉽게 놓아버리지 않길.
나처럼 평생 속죄하며, 후회라는 허영심에
갇혀 살지 말길 염원합니다.

곱게 맺어진 사람이여,
그 모습이 가장 아름다울 때입니다.

물과 꽃

똑같진 않아도, 닮진 않아도
우린 어우러질 순 있잖아.

너의 따스한 연분홍빛 색감과
나의 차가운 파란빛 채도가
원래 하나였던 것처럼 예쁘게 보일 수도 있고,

너의 시듦으로 인해 색이 변한다 해도,
나의 순환이 멈추어 탁해진다 해도,
때에 맞춰, 다시 빛날 수도 있으니까.

어떤 모양과 색감을 지녔어도 다 괜찮아.
서로에게 있어, 가장 중요한 요소는
'동반'이란 수식어니까, 함께 하자.

끝없이 흘러가는 내게 풀썩 앉아,
그간 둘러볼 수 없었던 세상을 찬찬히 구경시켜 줄게.

위협하는 것들로부터 지켜줄게.
물에 뜨는 너의 성질만 받아들일 테니,
가라앉을 거란 두려움은 조금만 사무쳐 주라.

그리, 난 너를 위해 흘러갈게.
멈추고 싶은 곳이 있다면 포근히 내려주고,
다른 물줄기를 이어, 너를 다시 반길 수 있으니
걱정하지 말고, 나와 함께해도 좋아, 꽃아.

불안의 이유

"살아갈수록 불안해지는 이유가 뭘까?"

어떤 이의 물음에 나는 주저하지 않고 대답했다.

"너무 많은 걸 알아버렸고, 잃어봤으니까.
점점 더 자괴감에 수렴하는 상태로 지내니까.
우린 아픔에 면역되는 것이 아닌 체념할 뿐이야."

시간 지나면 더욱 독해질 삶의 이야기.
인간의 본질 중 하나이자 없앴을 수 없는
'탐욕' 때문에 미래도, 사람도, 자신도
언제나 불안감에 휩싸이더라.

남보다 내가 더 좋은 걸 지니고 싶고,
누구보다 좋은 사람이 옆에 있길 바라고,
사랑하는 이와 평생을 다짐하고 싶고,
자신의 인생이 조금 더 나아지길 바라서.
우리는 서서히 검게 물들기 마련이다.

이와 같은 건 나쁜 게 아니다.
어쩌면 당연한 거지만,
스스로 주체하지 못할 만큼의
'과욕'을 불러일으켜서 문제가 되는 거다.

오직 '좋은 결과'에만 몰두하여
'무리'하는 줄 모르고 한없이 달리기만 하다가,
원하는 결과에 도달하지 못했을 때
쉽사리 인정하기 싫으니
자책이란 틀에 갇혀 오랫동안 헤엄치니까.

그러지 마라, 나처럼 괴롭다.
'행복과 건강'을 추구해야지.
물질적이고 정신적인 지배 욕구에
잠식된 인간의 끝은 고통뿐이다.

그저, 나와 같이 끙끙 앓는 밤이 아닌
내일이란 시간을 기대하는 순간으로
오늘 밤을 머물고 떠나갔으면 한다.

'이곳에 어울리는 사람은 단 한 명도 없으니까.'

이름 모를 친구야

나는 네가 행복했으면 좋겠어.

잘한 게 없어서 눈물을 흘리는 것조차
눈치를 봐야만 했던 시절을 그만 용서해주렴.

다시 돌아갈 수도,
돌아오지 않는 추억을 뒤로한 채
그리움이란 보이지 않는 곳에서 빠져나오렴.

가끔은 이기적이어도 되니까,
늘 남들 앞에서 주눅 들지 말고 맞서렴.
그러다 보면, 너는 나보다 먼저 웃으며 지낼 테니까.

형식적이지 않은 감정에
수없이 아파해 온 너를 응원할게.

내 걱정은 안 해도 괜찮아.
세상엔 스스로 행복해지고 싶은 사람도 있고,
타인이 행복해지면 자신도 모르게
영향을 받는 사람도 있어.

그 사람이 나라서,
너에게 먼저 평온한 하루가 와닿길 바라는 것뿐이야.

가기 전에 이 말만 마음속에 품고 떠나렴.

"고생했다, 살아가느라.
참 아팠다, 버티느라.
애썼다, 이제야 털어놓느라.
고맙다, 지금껏 견뎌줘서.
또 보자, 소중한 인연."

PART 06.
파도처럼 부서지고 석양처럼 지더라도

지는 것은 중요하지 않다.

오로지 극복할 수 있냐에 따라

삶은 완전히 달라지더라.

행복과 행운의 차이

철부지 내 친구는 입이 닳도록 로또 얘기를 꺼낸다.

"로또 1등만 되면 평생 행복할 것 같지 않아?"

웃긴 건 이 친구는 로또를 단 한 번도
사 본 적 없는 정직한 사나이다.

노력 없이 이뤄지는 행복,
그건 행운을 착각해 생긴 헛된 희망일 뿐이다.

행복해지기 위해선 끝없이 노력해야 한다.
돈, 그것보다 중요한 건 자신을 가꾸고
잘 보살피는 것이다.

행복해지는 방법은 단순하다.
해야 할 일과 하고 싶은 일을
적절히 조절해 이뤄 나가거나,

자주는 아니더라도 가끔 여행을 떠나거나.
이처럼 평범하더라도 작고 소중한 일들이
언제든 특별함으로 바뀔 수가 있다.

제자리에 머무르기만 한다면 행복도
행운도 따라오지 않는 법이다.
우리 이걸 인지한 채 살아가야 한다.

누구보다 독하게 살다 보면 힘든 나날도 많겠지만,
그만큼 행복을 포함한 성취감도 크게 느낄 수도
있다는 걸 깨닫고 열심히 나아가자."

발길이 닿은 곳에서

불확실한 미래를 걷는다는 건 무척이나 두려워,
나도 주춤거리며 멈췄던 적이 많아.

전으로 돌아가,
처음부터 다시 시작하기엔 너무 벅찰 것 같아,
결국 어쩔 줄 몰라 하며 끝없이 방황했었지.

근데 뒤로 돌아가도 좋고, 앞으로 나아가도 좋으니
너의 발걸음이 두려움보단 설렘으로 가득하길 바라.

결과는 끝까지 가 봐야 아는 거니까, 현재 겪고 있는
고난이 최종적인 결말이라고 생각하지 않았으면 해.

가끔은 무식하게 나아가,
그러고 정말 아닐 것 같을 때 돌아가도 괜찮아.
우린 얼마든지 해낼 수 있는 사람이야.

"세상이 불공평해서 차이는 있을 수 있지만,
공평한 게 딱 한 가지 있어.
바로 '선택'이야, 너에게 주어진
결정권을 잘 활용했으면 해.

힘내, 할 수 있고 이룰 수 있는 너야."

중점

삶은 바다와 같은 공간이자
심해의 깊은 속내를 지니고 있다.

아쉽지 않나, 삶이 대지(大地)와 비슷하기라도 했다면,
보폭을 맞추어 천천히라도 나아갔을 텐데.
우린 자꾸만 밀려오는 파도로 인해
속절없이 난항을 겪게 된다.

그렇기에 부서지는 법을 누구보다 잘 알고 있다.
하지만, 당신이 한 가지 더 알아야 할 것은

'수없이 부서진 만큼
역경을 이겨 낸 사람이라는 것'이다.

요점, 당신이 무너진 횟수가 중요한 게 아닌
당신이 얼마나 다시 일어서서 나아갔는지가
중점이 되어야 한다.

전환

하늘과 땅은 맞닿을 수 없습니다.

하지만 바다는 다릅니다.
망망대해, 끝없이 펼쳐진 곳엔
수평선이 생겨 하늘과 맞닿는 걸 볼 수 있죠.

이처럼 불가능할 거란 생각을 전환해 보세요.
원하던 목표와 꿈을 더는 얽히지 않고
차분히 단순하게 생각해 보면
결코 멀리 있지 않을 겁니다.

그저, 당신의 꿈은
이뤄진다는 것을 말해 주고 싶었습니다.

겁 없는 토끼

혹시 전래동화 '토끼와 거북이' 이야기를 알고 있나요?

빠른 토끼와 느린 거북이가 달리기 경주를 하게
되었는데 방심한 토끼가 꾸준히 나아가던 거북이에게
진다는 이야기이죠.

말도 안 되는 얘기일까, 전혀 그렇지도 않습니다.
같은 조건에서 뛰기 시작하면 토끼가 당연히
이길 수밖에 없지만, 여기서 단 한 가지 조건만
붙여도 거북이의 승률이 매우 높게 올라갑니다.

바로 '사람'입니다.
토끼는 매우 겁이 많은 동물입니다.
그렇기에 다수의 사람이 주윌 감싸고 바라본다면
금방 몸이 굳고 제자리서 방황을 할 것입니다.
실제 연구 내용에도 있을 만큼 일리 있는 말이죠.

이처럼 타고난 신체적 조건을 활용하지 못하는 사례,
과연 토끼에게만 포함되는 이야기일까요?

몇몇 사람들에게도 적용될 수 있는 상황이죠.
타인의 시선으로 인해 자신이 하고 싶은 걸
이루지 못해 성장이 더뎌지고 포기하며
후회하게 되는 사례를 주변서
심심치 않게 찾아볼 수 있습니다.

여러분이 거북이가 되라는 건 아닙니다.
겁 없는 토끼가 되었으면 하는 바람입니다.
타고난 자신의 역량을 두려워하지 않고
과감히 사용하여 앞서 나아가는 것입니다.

자신이 정말 잘할 수 있는 분야 및
성장 촉진을 위해 뛰어 보세요.
잠시 고갤 앞으로만 고정한 뒤
주위서 나를 막으려는 언행을 무시한 채요.
가끔 힘들고 지친다면 멈춰 주윌 둘러본 뒤
다시 나아가도 좋습니다. 포기만 하지 마세요,
후회하지 않게끔.

눈물 도둑

우린 어릴 적부터 눈물을 억압당했어요.
우는 아이에겐 선물을 안 준다는
악덕 할아버지 이야기를 순수한 마음으로 믿어서
억울하게 눈물을 훔치곤 했죠.

반복되는 행동은 습관이 되어
어느새 눈물을 흘리는 건 부끄럽고,
숨겨야 한다는 인식이 강해져
이해받기 어려운 감정이 되었어요.

슬퍼서, 힘들어서 눈물을 흘리는 것도
용기가 필요해진 요즘이에요.

"괜찮아?"라는 따스한 말 한마디보다
"뭘 잘했다고 울어?" 가슴에 비수를 박는
말들이 더 오고 가는 추세죠.

그런데 상대방이 뭐라 하든 힘들면 우세요,
산타도 없고, 상대방이 그렇게 말한다고 해서
감정이 나아지는 것도 강해지는 것도 아니잖아요.

솔직하게 사는 것이 잘 사는 거예요,
우리 그동안 너무 힘겹게 참고 숨겼으니
이제라도 마음껏 설움을 덜어 내고 가볍게 살아요.

추억으로 남긴 채

바다로 향하자.

맞닿은 수평선 너머
떠오르는 석양을 바라보며
잠시 공허함에 표류하자.

난파된 잔해조차 윤슬처럼 빛나는 이곳에서
수없이 깨진 우리의 파편을 내던지자.

가라앉는 파동조차 느껴지지 않을 땐
후회 없이 떠나자.

꺼낼 수 없이 깊이 잠긴 모든 것을
더는 그리워 말고 추억으로 남긴 채.

찬란한 우울과 삶

언제부터 나는 우울함이란 감정에 익숙해졌는가.

분명 부정하고 싶은 감정이자,
떠나가길 간절히 바랐던 이별의 대상, 나의 우울.

10대 때는 이것을 '고통'이라 칭했고
20대인 현재는 '찬란'이라 정의했다.

나는 우울할 때마다 글을 쓴다.
때론 격한 어조의 말을 여백에 담기도 하고,
당신에게 위로가 될 말들을 채우기도 한다.

그렇게 차곡히 쌓이는 글들을 모아
당신과 나의 서재에 소장될 수 있도록
책을 만들어 내며 지낸 지 2년 차인 지금,
누구보다 '우울'을 잘 활용하며
찬란한 시기를 보내고 있다.

'우울'이란 감정은 지속성을 지녀,
평생을 안고 가야 할 문제이다.

그러니 중요한 건 당신의 마음가짐이다.
우울할 때마다 무너질지,
아니면 나와 같이 감정을 활용하여 더 성장할지,
그 선택은 오로지 당신만이 할 수 있다.

잘했다

라는 말을 아낌없이 해라.

타인보다 자신에게 더욱 많이 건네며,
나의 일련의 과정을 칭찬하고 아껴줘라.

다만, 들뜨지 않고, 안주하지도 마라.
그 순간에 내가 최선을 다한 것에 찬사와
앞으로 나아갈 용기를 조금 더하는 것뿐이니까.

그렇게 다져진 '기반'은
어떠한 역경이 다가올지라도
과거와는 달리 금방 이겨낼 수도,
지더라도 빠르게 회복할 수 있다.

말 한마디가 불러오는 효과는
분명 '나의 행동'으로도 돌아온다는 걸 잊지 말자.

나의 7년

그만하고 싶었다.
안되는 걸 붙잡고 있다는 게
비참하게 느껴졌지만,
난 이룬 게 아무것도 없었다.

남들처럼 평범하게 산다는 게 가장 힘들 거란
부모님의 말씀이 문득 머릿속에 떠오르며
비로소 어른이 되고 눈물을 흘렸다.

매일 밤 담배와 커피를 챙겨 옥상에 올라가
달을 바라볼 때 혼잣말로 '전부 다 끝내'자고
중얼거렸는데 외로이 남겨질 우리 가족 생각하니
발걸음이 다시 책상 앞에 있었다.

당시에 내 인생을 위해 산다고 생각하지 않았다.
가족을 위해, 소중한 사람을 위해.
홀로 버티고 있는 약자를 위해.

베풀고 나누는 삶을 떠올린 이유는
그게 유일한 살아갈 방법이라서.

잃을 거 없는 사람, 타인이 뭐라 하든 말든
죽일 거면 제대로 죽이라는 독기로 버티며
휘둘리지 않고 원하는 길을 걸어가니,
지금과 같이 안온히 지내는 순간도
맞이할 수 있게 되었다.

그래, 노력이 부족했던 것이 아니라
결과에 닿지 않았을 뿐이다.
하마터면 후회만 남겼을
나의 지난날은 이제 마침표와 함께
안녕이란 끝과 안녕이란 시작으로 이어진다.

"당신의 밤이 얼마나 길고 아픈지 안다.
말, 표정, 행동 어떤 것도 드러낼 수 없는
답답한 심정에 자신에 대한 믿음을
조금이나마 심어줬으면 좋겠다.
그렇다면, 내가 걸린 7년보다 더 빨리
웃음꽃이 아름답게 피어날 테니까."

0

불과 2년 전에 나는 아무런 돈도
인맥도, 도와줄 지인도 없었다.

'0'이란 숫자에 수렴하며 느낀 건
비참함과 고독함.

내가 하고 싶은 일이 있다는 것에
감사하며 지낼 뿐이었다.

전역한 지 얼마 안 되어,
머리카락도 엉성할 때, 이곳저곳을 돌아다니며
나와 함께해 줄 사람을 찾았지만,
돌아오는 말이라곤 '가능성 없다.'

애써 거절하더라도 괜찮았는데
희망마저 꺾어버리는 말뿐이니
조금이나마 남아있던 힘마저 사라졌다.

그만큼, 0에서 1이란 결과에 도달하기까지
셀 수 없는 노력과 시간, 감정이 소모된다.
이 순간을 버티냐에 따라 삶의 농도는 달라지고,
앞날의 어둠 속, 밝은 빛 한 줄기가 생길 수도 있다.

혼자여도 괜찮다,
스스로가 1이 되어 해결해도 되니까.

무시해도 좋다, 언젠가는 손가락질이 아닌
박수 세례 속에서 반겨줄 날이 올 테니까.

할 수 있다, 내가 있고,
혼자가 절대 아니다, 스스로 믿자.

지금은 그게 최선일 테니까.

승리자

현재의 끝에 서서 지나온 삶을 되돌아봤습니다.
어릴 적엔 분명 잘 웃고, 잘 울던 아이였는데
어느 순간부터 감정을 숨기기 바빴고,
타인의 시선이 두려워 수없이 무너졌었지만,
끝내 버티고 견뎌 열심히 살아가고 있는
제 모습이 마냥 비참하지는 않았습니다.

그런 제가 여러분을 바라보는
시선과 시점도 마찬가지입니다.
'잘 사는 사람'과 '못 사는 사람'
기준을 두고 바라보는 것이 아닌
그저, '살아가고 있는 사람'의
중점을 두었기 때문이죠.

우린 언제든 포기할 수 있습니다.
즉, 현재의 생을 일찍이 끝낼 수도 있다는 것이죠.

살아가는 과정이 힘들어,
미래에 대한 불확실함으로 인해서,
모든 게 다 비참하게 느껴져서 등등

여러 사유와 사연을 품고 있는 우린,
행복보단 불행에 가까운 삶을
살아갈 때도 있지만, 그 순간마다
힘차게 이겨 낸 승리자이기도 합니다.

"어느 순간, 노력의 결실들이 모여
당신께 웃음 지을 나날을 건네줄 것이니
스스로 용기와 확신을 가진 채
더욱 정진하셨으면 합니다.

그렇다면 더욱 과거는 아름답고,
현재는 보람차며, 미래는 찬란할 테니까요."

감정 관리

우울이란 감정을 우습게 넘겨선 안 된다.
'흘러가게 내버려 두는 것'도 방법일 순 있지만,
'관리하여 나아지는 것'이 중점이 되어야 한다.

모든 감정엔 지속성이 없어,
생겼다, 사라지길 반복한다.
그렇기에 또다시 찾아올 우울을 자신만의
방법으로 이겨 낼 방법과 힘을 가져야 한다.

타인에게 조언을 구해 적용해 보기도 하고,
자신에게 알맞은 해결책이 무엇일까,
노트에 적어도 보며 '나를 위한 환경 조성'에
시간을 투자할 때가 되었다.

갈수록 힘든 것을 당신도 알 것이다,
행복한 순간보단 불행한 순간이 많은 것도.
이제 나의 감정을 '방관'하는 것이 아닌
'관리'하여 보다 나은 나날이 될 수 있도록 하자.

"당신의 여백을 무채색으로만 채우지 말고
다채롭게 꾸며보자. 꽃 한 송이를 찬찬히
심어도 되니, 나에게 이로운 것을 곁에 두려 하자."

투박한 위로

노력이 부족했다고, 결과가 안 좋았다고
풀이 죽어 비참해하지 마라.

네가 할 수 있는 만큼 최선을 다했고,
남들보다 조금 운이 더 안 따랐을 뿐이고,
무엇보다 여전히 실패를 두려워해서 그랬지.

처음부터 다시 하면 돼,
그까짓 걸로 계속 아파할 수 없잖아.
동정받고 싶은 마음 아닐 테니 일어나라.

움직여야 산다,
가만히만 있으면 나아질 거 하나 없다.

따듯한 말도 건네줄 수 있지.
근데, 집에 돌아가는 길에 또다시 힘들 걸 모르겠나.
네가 잘 이겨냈을 때 마음껏 건네주며,
잘 해냈다고, 잘 버텼다고 외쳐줄 테니

아직까진 너무 의지하지 마라.

모든 건 때가 있고 어우러져야 한다.
그리고 네 실패가 부끄럽더라도 살펴라.
타인을 믿어서일 수도 있고,
자신을 못 믿어서일 수도 있으니까.

마지막으로 시원하게 세상 탓하고,
다시 이번 생을 책임져라.

욕을 하든, 고함치든
네 맘대로 하고 짊어질 건 업고 가자.

믿을게, 우리 조금만 더 고생하자.
행복이란 게 이리도 멀다.

인생이 고통인지라, 그 아픔에 민감해서
더욱 그럴지도 모르겠다.

용기 내라, 생각보다 넌 잘 해낼 테니까.
나중에 만날 때는 멋지게 서로가 돌아오자.

작전명

"힘들겠지만, 조금만 더 힘내."
이와 같은 말은 '어설픈 위로'이다.

이미 지쳐 있는 사람에게 더 힘내라는 말은 격려의
의미보단 부담감으로 받아들여질 수 있으니까.

우린 처음 태어나, 매일 변화하는 환경 속에서
적응하기 위해 어떻게든 힘을 내려고만 한다.

사회적인 구조 시스템으로 인해,
타인의 시선과 사상으로 인해
힘을 내지 않고 살면
'열심히 살지 않는 사람'이 되어 무시당하는 세상,

주저앉은 사람에게 따듯한 손길을
내어 주는 것이 아닌 무시하며
비난 세례를 하는 지구에서 살고 있다.

우리 남은 온기마저 뺏기지는 말자,
어렵게 지키고 있는 옅은 미소와 소소한 행복조차
잃게 된다면 살아가야 할 이유는 없게 되니까.

힘들면 힘을 빼고, 슬프면 펑펑 울고,
행복하면 마음껏 웃자.

이는 당연하지만 단순하지 않은 것이 되어
어렵게 느껴질 수 있겠지만,
순수했던 당신의 빛이 바랜 파편,
어릴 적 모습을 꺼내어 되돌아보면
금방 되찾게 될 것이다.

우리의 생활신조는 "작전명, 행복해지기."이다.
지구의 한 폭, 속해있는 영역에서만큼은
우주에서 멀리 바라봐도
가장 아름다운 별의 부분이라는 걸 알 수 있도록.

속성

슬픔과 외로움은
우리가 지닌 감정의 속성 중
가장 섬세하고 오지랖이 넓다.

이러한 감정을 속이기란
결코 쉬운 일이 아니지만,
우린 그마저도 해낸 사람들이다.

알약보다 설움을 먼저 삼킬 줄 알게 된 것처럼
소리 없이 우는 법을 시작으로 수많은 감정을
숨기고 거짓됨으로 변질시켰던 나와 당신.
그래, 부정적인 감정을 드러내는 건
좋지 않은 것이지만, 잃어버리지는 말자.

행복이든 불행이든 모든 감정은 나의 것이다.
각자에 고유의 특성을 타인과 비교하며
바꾸려 할 필요 없이 온전히 사랑해주고
따듯이 품어주는 것이 좋다.

마지막으로 우는 것을
눈치 보지 않고 애써 참으려 하지 마라.
눈물은 슬픔을 덜어내는 역할도 하지만,
마음의 순환을 시켜주는 중요한 요소이기도 하니까.

"당신 나랑 몇 가지 약속을 하자.
진실한 마음으로 살아가는 것과
자신의 감정을 사랑해주는 것,
내게 우는 방법 알려줘라.

모든 걸 잃어버린 나는
당신의 눈물을 탐낼 만큼 울고 싶으니까.
자, 새끼손가락 걸고 또다시 만나자."

당신,

우리 좀 쉬었다 가자.
누군가 앞서 나가거든, 신경 쓰지 말고
마음 편히 서로에게 기대어 지나쳐 왔던
길을 돌아보기도 하고,
주변 풍경도 찬찬히 바라보자.

그래, 잠시 눈을 감아도 좋다.
이 순간, 우리가 지쳐 있는,
모든 내려놓고 포기하고 싶을 땐,

그렇게 하자.

탈진

우리가 느끼는 부정적인 감정과 감각에는
수많은 노력과 열정이 담겨 있다는 걸 아시나요.
대표적으로 번아웃 증후군(Burnout Syndrome)이 있죠.

내가 지닌 에너지와 체력을 모두 소진했을 경우
극심한 무기력감을 느끼게 되는 '정신적 탈진'은
여러분이 최선을 다했다는 증거이기도 해요.

너무 지치고 힘들어
"포기할까."란 감정이 들 때도 마찬가지죠.
애초에 시작조차 하지 않았더라면,
포기라는 자격 요건을 충족할 수 있었을까요.

우리 과거를 돌아봐요. 울기밖에 못했던 아이는
어느새 누군가의 눈물을 닦아 내 줄 수도 있고,
위로를 건네며 안아 줄 수도 있게 되었어요.

즉, 우리는 늘 무너지지만
늘 성장하기도 하죠.

그러니 부정적인 감정과 감각은
나쁘게만 곁을 맴돌지 않을 거예요.
때론 다시 일어날 수 있는 '원동력'과
'극복'이라는 한계점에 다시 놓아 줄 수 있는
징검다리가 될 수도 있어요.

"잘하고 있고, 잘 살아왔어요.
지금껏 견딘 것만으로도 대단한 거예요.
그런 자신을 조금 더 사랑하고 다독여 주세요.

고생했잖아요, 당신."

파도의 결말

수평선 너머로부터 밀려오는 파도는 거대하지.
심지어 빠른 속도로 다가와,
모든 걸 다 집어삼킬 것만 같아.
근데 이런 매서운 파도의 결말이 무엇인지 알고 있니.

거품이 되어 죽는 거란다.

너를 두렵게 하는 고민도 파도와 같아서
거품이 되어 사라질 거란다.

그런 거품이 계속 두려워
멈춰 있을 필요 없으니 나아가렴,

어차피 다 잘될 거야.

착각과 오해

당신 죽고 싶다는 착각을 하고 있나.

그래, 현재와 같은 상황을 겪는 것보단
죽는 게 더 낫다는 생각이 들 수도 있다.

나도 수없이 갈망했기에,
당신의 지친 마음을 누구보다 잘 알고 있지만,
죽음을 빠르게 맞이할 필요는 없더라.

생과 죽음의 끝에 섰을 때
당신은 어떻게든 살아남기 위해
몸부림칠 거니까. 그게 본능이고
우리의 마음가짐이다.

잘 생각해 봐라.
죽고 싶은지, 잘 살고 싶은지.
오랫동안 고민할 필요도 없이
당신의 선택은 후자일 것이다.

세상에 영원한 건 없듯이
당신의 불행에도 마침표가 찍힐 것이다.
그러니 현재와 같이 암담한 상황 속에서
헤어 나와 행복해질 생각만을 했으면 한다.

소중한 사람아,

당신 없이 살아갈 사람 있다면
당신 없이 못 사는 사람도 있고,

당신의 슬픔을 받아 주지 않는 사람 있다면,
당신의 곁을 지키며 함께하려는 사람도 있으니
이 세상 혼자라고 생각하지 않길 바란다.

타이밍

타이밍이 안 좋았다는 말은
지나간 시간을 탓하기 좋은 표현일뿐이다.
만약 그 순간이 다시 돌아온다 해도
현재가 완전히 바뀔 거란 장담을 할 순 없으니
헛된 희망이 될 수도 있다.

시간은 누구에게나 공평히 주어지고 소모되지만,
어떻게 행동하느냐에 따라 결과가 달라지기에
차이가 발생한다.

즉, 주저앉아 있는 사람과 나아가고 있는 사람과의
거리 격차가 생기듯, 망설였던 순간 놓친 것이
많았기에 결과가 좋지 않았던 것뿐이다.

현재라도 이 사실을 인지하고 나아간다면,
지나간 상황을 탓하지 않고 극복하기 위해
노력한다면, 분명 원하던 결과를 얻을 수 있을 것이다.

"사람, 사랑, 목표 그 무엇이든 쟁취하기 위해서는 무엇 하나 잃을 각오로 당당히 나아가라.

주저하고 망설이는 순간, 감정과 시간, 자존감 등등 뺏기는 게 더 많을 것이고 후회가 생겨 지치도록 괴로울 수도 있으니까."

나는 겨울, 당신은 봄

서로를 안았을 때,
내가 지닌 모든 것들이 사라진대도
당신, 한 사람을 위해서라면 꽉 끌어안겠다.

나 녹거든,
좁은 자리 한구석에 꽃 한 송이 필 거다.

그러니 너무 울지 마라,

진다고 떠나는 게 아니다.

또다시

우울해지겠지.

그래도 괜찮아.

이젠 익숙해져서
금방 나아질 테니까.
끝까지 살아가 보자.

당신도 마음이 죽은 채
긴 밤을 걷고 있나요

발행일 2023년 11월 27일

1쇄 개정판 발행 2024년 11월 27일
3쇄 개정판 발행 2025년 09월 25일

지은이   산배
디자인   찬경
펴낸이   이종혁

펴낸 곳   일단
이메일   ildanbook@naver.com
출판등록 2022년 11월 1일 제2024-000020호
ISBN   979-11-988696-8-5 (03810)

· 이 책은 저작권법에 따라 보호받는 저작물이므로 무단 전재와 복제를 금지하며, 이 책 내용의 전부 또는 일부를 이용하려면 반드시 저작권자와 '일단'의 서면 동의를 받아야 합니다.

· 잘못 인쇄된 책은 구매하신 서점에서 교환해드립니다.